U0137069

栴檀林中曾無散木　靈山會上豈有凡夫

毗尼止持會集（下）

多智慧人能取能捨　諸愚癡人不能分別

讀體大師◎著

毘尼止持會集卷第九

金陵寶華山弘律沙門讀體集

第十二異語惱他戒

若比丘妄作異語惱他者波逸提

【緣起】此戒有二制。佛在拘睒毘國瞿師羅園中。闡陀犯罪。諸比丘問言。汝自知犯罪不耶。即以餘事報言。汝向誰語。為說何事。為論何理。為語我為語誰耶。是誰犯罪。罪由何生。我不見罪。云何言我有罪。諸比丘譏嫌白佛。佛令僧為作餘語白。乃初結戒云。若比丘餘語者。波逸提。後便觸惱衆僧。喚來不來。不喚來便來。應起不起。不應起便起。應語不語。不應語便語。佛令僧復爲作觸白。此第二結戒也。餘語觸惱二種單白羯磨法於作持中明此是性罪。由違煩事嗔恚煩惱。制斯學處。乃初篇妄根本種類。

釋義律云。餘語者。汝向誰語。乃至我不見犯此罪。

餘語卽異語也　僧祇律云異語惱他有八事一者作羯磨時比丘和集作折伏乃至別住羯磨　二者如法論時說非常非斷是名如法論　三者論阿毘曇時九部修多羅是名阿毘曇　四者論毘尼時廣畧波羅提木叉是名毘尼　五者不異論不得離所論更論餘事是名不異論　六者不

異人不得離先問人更問餘人是名不異人　七者停論當說法時語言住後當更論是名停論八者異語惱他如尊者闡陀異語惱他是名八事

〔結罪〕是中犯者。若僧未作餘語白。便作餘語汝向誰語等者。一切盡突吉羅。　若作白已。作如是餘語者。一切盡波逸提。

若僧未作觸惱白。喚來不來等。一切盡突吉羅。若作白竟。作如是觸惱僧者。一切盡波逸提。　若上座喚來不來。突吉羅。　此戒具四緣。方成本罪。一自身有過。二覆藏違諫。三僧曾作白。四語默觸

惱

【兼制】比丘尼波逸提。（同制同學）式叉摩那。沙彌。沙彌尼突吉羅。是爲犯。

【隨開】不犯者重聽不解。或人語有參差汝向誰說。乃至我不見此罪。（不犯異語）若欲作非法非毘尼羯磨。若僧若墖寺。若和尚同和尚。若阿闍黎同阿闍黎。若新舊知識等。若爲作無利益羯磨。不與和合嗔來不來。若一坐食不作餘食法。若嗔起不起。或舍崩火燒惡獸賊難等。教莫起便起。若惡心問上人法說是不與說。不犯觸惱若小語。疾疾語。夢中語。獨自語。欲說此錯說彼。及最初未制戒等。是爲不犯。

會採 僧祇律云。若僧中問異答異。得波逸提。若多人中和尚阿闍黎前。諸長老前。問異答異得越毘尼罪。

律攝云。若於僧伽及尊重類。稱理之教垢心違亦得墮罪。非稱理教作違惱言。得惡作罪。若向不解語人而違惱者。亦惡作罪。若差知衆事。以垢惡心應作不作。不應作而作。皆得墮罪。若無垢心。得惡作罪。

根本律云若苾芻見獵人逐麞鹿等入寺內。彼問頗見有鹿從此過不。不應言見。若是寒時。報言可入溫室向火若是熱時。報言可入涼室飲水。若彼云我不疲倦。爲問走鹿。應先自觀指甲報言。我見指甲。若更問者。應觀太虛。報言我見太虛。若彼云我不問指甲及太虛。然問可殺有情於此過不。卽應徧觀四方作如是念。於勝義諦一切諸行本無有情。報言我不見有情。此皆無犯。　若餘問時不如實答。得墮罪。

五分律云。若輕三師及戒。一一波逸提。 輕餘比丘。突吉羅。 師令掃地不掃。教順掃而逆掃。皆突吉羅。不恭敬戒諸部皆有唯本部無大意與此同今故採集以入其中俾不漏過也

此戒大乘同學。

第十三嫌罵戒

若比丘嫌罵。波逸提。

緣起此戒有二制。佛在羅閱城。耆闍崛山中。沓婆摩羅子爲差使。知僧臥具及差僧食時。慈地比丘

於眼見耳不聞處自相謂言沓婆摩羅子有愛恚怖癡餘比丘語言。莫作是說。報言我不面說。在屏譏嫌耳。佛知初爲結戒云。若比丘譏嫌。波逸提。復更於耳聞眼不見處。自相謂言有愛恚怖癡。諸比丘語言。佛不制戒云譏嫌波逸提。報言我不嫌是駡耳。故有第二結戒也。此是性罪。由謗讟事瞋恨煩惱。制斯學處。乃初篇妄根本種類。

［釋義］律云若面譏嫌。齊眼見不聞處言有愛等。若背面駡。齊耳聞不見處言有愛等。

〔結罪〕是中犯者。若比丘嫌罵比丘。說而了了者。波逸提。　不了了者突吉羅。　若上座教汝嫌罵。若受教嫌罵突吉羅。其教者例推亦難逃此罪　此戒具四緣方成本罪。一有瞋恚心。二是僧所差人。三出言嫌罵。四說而了了。

〔兼制〕比丘尼波逸提。同制同學式叉摩那。沙彌。沙彌尼突吉羅。是爲犯。

〔隨開〕不犯者。其人實有是事。恐後有悔恨語令如法發露。或戲語。或夢中語。欲說此乃錯說彼。及最初未制戒等。是爲不犯。

會採僧祇律云。嫌而不訶責者。得越毘尼罪。訶責而不嫌者。得越毘尼罪。亦嫌亦訶責者。得波逸提罪。嫌非訶責者。持己器中食比比座器中食。作如是言平等不。是嫌而非訶責。訶責而非嫌者。但言有愛恚怖癡。不以所分得物相比也。亦嫌亦訶准此可知

善見律云。譏嫌被僧差人。波逸提。嫌餘人突吉羅。

摩得勒伽云。罵畜生突吉羅。

此戒大乘同制。

第十四敷僧臥具不舉戒

若比丘取僧繩牀木牀。若臥具坐褥露地敷。若教人敷。捨去不自舉。不教人舉。波逸提。

〔緣起〕佛在舍衞國。給孤獨園。時城中有長者飯僧。十七羣比丘取僧坐具在露地敷。而經行望食時到。時到已不收攝便赴食。僧坐具即爲風塵土坌蟲鳥啄壞。污穢不淨。諸比丘譏嫌。白佛結戒。此是遮罪。因臥具事由輕慢心。制斯學處。

【釋義】文分二節。取僧繩牀下。明僧物僧用。若敎敷下結成所犯。律云衆僧物爲僧屬僧。物者已捨與僧。爲僧者。爲僧作未捨與僧也。屬僧者已入僧已捨與僧。繩牀者有五種。旋脚直脚曲脚入陛無脚。木牀有五種亦如是。臥具者或用坐或用臥褥者。是坐褥也。在露地。（謂無覆蓋揀非屋內）若自敷敎人敷。（敷謂安布）也。若去彼有舊住比丘。若摩摩帝。若經營人。當語言我今付授汝。汝守護看。（此謂敎人舉也舉者謂好收攝）若都無八者。當舉著屏處而去。若無屏處。自知此處必無有破壞。當安隱已。持麤者覆好者上而去。此謂自舉也若卽時得還應去。若疾雨疾還。不壞坐具者應往。若中雨中行。及得還者應往。若少雨少行。少行謂徐徐行也及得還者應去。毘尼母云如來所以敎諸比丘護敷具者見五種過一不欲令風吹二不令日曝三不令天雨四不令塵土坌之五不令蟲鳥敷具上放不淨

結罪是中犯者。若不作方便而行。初出門波逸提。本因露地敷具今制約門者是就彼時給孤獨園祇桓太子所建之都門而言其中寛廣不無露地可知如依此時論但出僧伽藍之大門爲准若一足在外一足在內。欲

去而不去還悔。一切突吉羅。若二人共一牀坐。下座應收而去。下座謂上座當收而上座竟不收。下座犯波逸提。復以非威儀突吉羅。此謂下座禮失尊卑所以更加一非威儀罪 上座謂下座當收。而下座不收。上座犯波逸提。此謂上座應教下座既自不舉復不教舉縱是上座亦結本罪若二人不前不後俱不收。二俱波逸提。若餘空繩牀木牀。踞牀。若几浴牀。或臥具表裏。若地敷。若取繩索毳貯。放露地不收便去。突吉羅。若敷僧臥具在露地。不收而入房坐思惟。突吉羅。思惟乃習觀坐禪也 此戒具四緣方成本罪。一私用僧物。二敷於露地。三不收而去。四兩腳出門。

【兼制】比丘尼波逸提。同制同學式叉摩那。沙彌。沙彌尼突吉羅。是爲犯。

【隨開】不犯者。如上付授乃至少雨少行得還者。諸餘空牀等收已而去。若爲力勢所縛。若命梵二難不作次第而去。若二人共坐下座應收。若收已入房思惟。及最初未制戒等。是爲不犯。

【會採】善見律云。他人私物不舉。突吉羅。

摩得勒伽云。自卧具不舉不使人舉突吉羅。

十誦律云。諸比丘食竟有諸白衣即坐僧卧具牀上。應待白衣食竟。若有病者不能久待應去。隨見者應舉。　若失戶鉤戶鑰無舉處。若八難中一一難起。不舉不犯。

律攝云。若無苾芻應告求寂。此若無者。囑近施主。無施主者應觀四方窖藏戶鑰方隨意去。若憶而不舉得本罪。　若忘念者。但得惡作罪。　若路逢苾芻來者。應須指的告戶鑰處。有五種人不堪囑授。謂無慚愧。有鏬隙。年衰老。身帶病未圓人。若苾芻路中許他舉。來至寺內初夜不舉。乃至明相出不損而舉。得惡作罪。　若損而舉得墮罪。

附考律攝云。凡是僧伽所有衣服。不將餘物而襯替者不合受用。是所替物。亦非疎破。　若用僧敷具有損壞者。不應默然捨不料理。有破穿處應須縫補。若斷壞者。應爲連接。若不堪修補者。用充燈炷。或爲拂帚。或斬和泥用塗牆壁。或塡孔隙。令施福增。　門人弟子每於月八日。十五日。二十三日。

月盡日。應觀師主臥具拂拭曬曝。若不爲者。咸得惡作。若無門徒自須料理。　凡聽法時不應與苾芻尼。及俗人求寂同一氈席相近而坐。授學之人亦不同座。有難緣非犯。　無夏苾芻不應共三夏者同座而坐。一夏者不應與四夏者同座。二夏以去得共大三夏者同座。　若白衣舍處所迮時。雖鄔波馱耶同座非犯。（鄔波馱耶此翻親教師卽和尚也）於一牀上聽坐三人。　不應一牀二人同臥。有慚愧者無犯。　若在行途。得大帔中間衣隔同臥非犯。　若有施主以衣物布地延請法衆願爲蹈者。或寶莊飾師子座上以俗人衣敷設者。苾芻應生慇念。起無常想。蹈坐非犯。爲令外道生信敬故。　若施主借僧褥席應與。事了應令送歸。有污應洗。　若火燒寺。先出己衣鉢。次出常住貲財。令無力人一處看守。言無力人者意在能守不能持行也其火若滅不應輒入。大水漂亦應准此。

此戒大乘同學

第十五僧房不舉臥具戒

若比丘於僧房中敷僧臥具。若自敷若教人敷。若坐若臥。去時不自舉不教人舉。波逸提。

緣起　佛在舍衛國。給孤獨園。時有客比丘語舊住比丘言。我在邊僧房中敷臥具宿。後異時不語舊比丘便去。僧臥具爛壞蟲咬色變。舊住者久不見客比丘。到房看之見已譏嫌。白佛結戒。此是遮罪。由敷具事不敬煩惱。制斯學處。

釋義　文分二節。於僧房中下。明僧用僧物。體通四方。物局住處。去時下結成所犯。律云。僧物臥具付授護舉如上。若無人付授不畏失。當移牀離壁高支牀腳持枕褥臥具置裏。以餘臥具覆上而去。若恐壞敗。當收臥具氈褥枕舉置衣架上。豎牀而去。前戒露地此以僧房爲異　十誦律云房者或屬衆僧或屬一人極小乃至容客比邱四威儀行住坐臥

〔結罪〕是中犯者。不作如是方便而去。若出界外波逸提。一腳在界外一腳在界內還悔而不去。一切突吉羅。若期去而不去突吉羅。若即還二宿在界外。至第三宿明相未出若不自往房中。不遣

使語摩摩帝及知事人言。掌護此物者。波逸提。
此戒具三緣方成本罪。一受用僧物。二去不自舉
復不語主。三兩腳出界。
〔兼制〕比丘尼波逸提。（同制同學）式叉摩那。沙彌。沙彌尼
突吉羅。是為犯。
〔隨開〕不犯者。作如上次第事去。若舍壞崩落火燒。
若有難緣第三宿明相出不自往不遣使語。及最
初未制戒等。是為不犯。
〔會採〕善見律云。內房敷僧臥具若無籬障。去離一

擲石外還惡作。此以中人擲石處二擲石還墮罪。

僧祇律云。若欲去時房舍內當灑地令淨。枕褥曬令燥。語知牀褥人知。 若在俗家宿去時應示語。若草敷者。去時應問此草欲安何處。隨主人語安之。若主言但去我自料理。應少斂一角而去。

根本律云。苾芻雖在俗舍用草敷時。亦應除去所臥之草。白施主知。彼云留即留。若違得越法罪。

此戒大乘同制

第十六强奪止宿戒

若比丘知先比丘住處。後來强於中間敷臥具止宿。念言彼若嫌迮者自當避我去。作如是因緣非餘。非威儀。波逸提。

緣起 此戒有二制。佛在舍衞國。祇園精舍。時六羣比丘與十七羣比丘在拘薩羅國道路行。至無比丘住處村。十七羣與六羣言。汝是我等上座應先求住處。我等當後求六羣報言汝等自去。我不求住處。十七羣卽往求住處自敷臥具止宿。六羣知已乃往語言汝等起。當以大小次第止。十七羣不允。卽强在座間敷臥具。十七羣高聲言諸尊莫爾。衆中有少欲比丘譏嫌往白世尊。此初結戒也。於是諸比丘不知先住處非先住處。後乃知是先住處。或有作波逸提懺者。或有畏愼者。佛言不知不犯。故復爲僧第二結戒也。此是性罪。由臥具事情生不忍。制斯學處。

釋義 文分二節。知先比丘下。恃尊强宿。作如是因緣下。結成所犯。知者。或自了知或他告知顯非不知先比丘住處者。謂彼比丘先已在中安靜止宿後來者。謂後至比丘恃勢强爲故意放肆於彼臥具中間更重敷已臥具縱身其上坐臥也律云中間者。若頭邊。若脚邊。若兩脇邊。臥具者。若草敷若葉敷乃至地敷臥具。念言等者。念言揀非口語乃意內生不善之念謂被逩苦所逼不樂彼自當避我遠去何必加以言遣作如是因緣非餘者。謂作如上强緣令他自避非餘難事因緣也非威儀者。謂先止者未曾遜請後來者必欲安宿四儀紊辭非僧所宜也

〔結罪〕是中犯者。隨轉側脇著牀。波逸提。　此戒具三緣方成本罪。一處先有人。二心存惱亂。三强敷具竟。

〔兼制〕比丘尼波逸提。同制同學式叉摩那。沙彌。沙彌尼

突吉羅。是爲犯。

〔隨開〕不犯者。先不知。若語已住。若寬廣不相妨礙。若有親舊人教於中敷。若倒地。若病轉側墮上。若被繫閉。若命難若梵行難。及最初未制戒等。是爲不犯。

〔會採〕僧祇律云。若住處少。一比丘當一柱間敷牀褥。尼師壇覆上已。向和尙阿闍黎或禮拜問訊。或受經去。後比丘來。卻先尼師壇自敷尼師壇坐已作細聲唄。先住比丘來見已作是念。誰能斷他法卽自持尼師壇去。是後比丘波逸提。坐禪病亦如是。　若後來眠他牀上。若是上座者應語言長老。不知世尊制戒耶。若眠比丘是下座者應訶責。汝不善不知戒相。汝不知世尊制戒。云何後來眠他牀上。　若比丘在他處經行者。見先比丘來應當避去。（他處者謂先有他比丘於此處經行後來比丘亦經行此）若比丘夜眠時雖振動寱語。不作擾亂意無罪。擾亂比丘波逸提。

十誦律云。若能敷者。波逸提。　不能敷者。突吉羅。若爲惱他故閉戶開戶。閉向開向。（向謂窗牖也）然火滅火。然燈滅燈。梵唄讀經說法問難。隨他不喜事作。一一波逸提。

附考律攝云。大小便室不依大小。在前至者。卽應先入便利。既了不應久住。

洗足之處須依長幼。

僧伽器物下至染器。在前用者。皆待事畢。不應依年大小奪先用者。亦不應器中安少染汁作留滯心廢他所用。

讀誦經時先來已坐。不應依大小令彼起避。

僧伽剃刀既用已了應復本處。不應停留更備後須。此等不依行者。咸得惡罪。

此戒大乘同學

第十七牽他出房戒

若比丘瞋他比丘不喜在僧房舍中。若自牽出。教他牽出波逸提。

緣起佛在祇桓精舍。六羣及十七羣行處同前。十七羣入寺掃灑房舍。敷臥具止宿已。六羣知之卽往入房。令起隨戒次坐。十七羣報言。長老實是我等上座。然已先語。今不能起。六羣强牽。瞋不喜驅出房。佛爲結戒。此是性罪。由臥具事瞋惱他人。制斯學處。

釋義瞋他等者。謂情懷不悅於他不安惡行所爲故牽出者。根本律云或言驅出或以手牽自作使人

結罪是中犯者。若自牽。若教人牽。若牽多人出多戶。多波逸提。若牽多人出一戶。多波逸提。若牽一人出多戶。多波逸提。若牽一人出一戶。一波逸提。

若持他物出。若持物擲著戶外。若閉他著戶外。盡突吉羅。此戒具三緣方成本罪。一有瞋他心。二

彼是無過比丘。三牽出戶外。

【兼制】比丘尼波逸提。同制同學式叉摩那。沙彌。沙彌尼突吉羅。是為犯。

【隨開】不犯者。無瞋恨心次第出。若共宿二夜至三夜遣未受戒人出。若破戒破見破威儀。若為所擯。謂僧已滅擯之若應擯謂比丘所犯事是應滅擯者僧未與作滅擯羯磨也若有命難梵行難驅逐如此等人。及最初未制戒等。是為不犯。

【會採】五分律云。若將其所不喜人來共房住。欲令

自出。若出若不出。皆突吉羅。 牽比丘尼及餘三
衆出突吉羅。 若牽無慚愧人。若欲降伏弟子而
牽出者。不犯。

律攝云。若有苾芻是鬬諍者。戒見軌式多有虧違。
如此之人瞋而或出。若無善心亦得惡作。（瞋而或出者乃現權折伏而非實瞋故無罪無善心者謂絕憐愍不以折伏心故得罪） 若於非僧房
處曳出清淨苾芻。得惡作罪。 若破戒人大衆應
共驅出。若倚門若抱柱。咸應斫去并推出之。事殄
息後。所斫截處僧應修補。 若門徒等冀其懲惡。

牽出房時無犯。然不應令出其住處。若無破戒罪但難共語者。應爲曳轠法而折伏之。言曳轠法者謂暫捨置不與共語同事如惡馬難調應令轠杙而捨棄之若於住處龍蛇忽至。應彈指語曰賢首汝應遠去。勿惱苾芻。若告已不去。應持輭物而羂去之。勿以毛繩等繫。勿令傷損於草叢處安詳解放。待入穴已。然後捨去。若棄蚤虱等應於故布帛上。觀時冷熱而安置之。此若無者。應安壁隙柱孔。任其自活。

僧祇律云。若駱駝牛馬在墖寺中。畏污壞墖寺驅出者無罪。

此戒大乘同制

第十八重閣坐脫腳牀戒

若比丘若房若重閣上。脫腳繩牀木牀若坐若臥。波逸提。

〔緣起〕佛在舍衛國。給孤獨園。諸比丘在重閣上住。坐脫腳牀。坐不安詳。閣薄牀腳脫墮下。止宿比丘上。傷身血出。有慚愧比丘嫌責。佛為結戒。由臥具事及不慎威儀。制斯學處。

（釋義）律云房者。若僧房。若私房。重閣者。立頭不至者是。脫腳牀者。腳入陛。謂腳入陛孔不以楔堅故所脫腳　薩婆多論云凡坐臥法一切安詳若不審詳者必有所傷兼壞威儀

（結罪）是中犯者。若坐若臥。隨脇著牀。隨轉側波逸提。　除脫腳已。若在獨坐牀。或一板牀。或浴牀。一切突吉羅。　此戒具四緣方成本罪。一住閣板薄。二閣下有人。三牀壞脫腳。四不安詳坐臥。

（兼制）比丘尼波逸提。同制　式叉摩那。沙彌。沙彌尼突吉羅。是為犯。同制

〔隨開〕不犯者。坐旋脚直脚曲脚無脚牀。若重閣上有板覆。若反牀坐。若脫去牀脚坐。及最初未制戒等。是爲不犯。

〔會採〕僧祇律云。閣下無人坐無犯。

此戒大乘同學

第十九蟲水澆泥草戒

若比丘知水有蟲。若自澆泥若草。若敎人澆者。波逸提。

〔緣起〕此戒有二制。佛在拘睒彌國。闡陀起大屋。以蟲水和泥。教人和。諸居士見。以無慈心害衆生命。譏嫌。此初結戒也。時諸比丘有疑。不知有蟲無蟲。或有作波逸提懺。或有畏愼者。佛言不知不犯。復與第二結戒也。此是性罪。由用水事無慈悲煩惱。制斯學處。乃初篇殺根本種類。

釋義　知者。或自察知。或他語知。水者。謂河池井水。有蟲水者。囊漉。乃至漿等類。蟲者。五分律云。有蟲水者。囊漉澆者。灒也。亦是用水之異名。五分律云。所得肉眼所見。澆者。律云用有內外。內用者飲食之屬。外用者澆灌浣濯洗浴之屬。此間爲外用。故制其內用。如後所禁。此二用皆顯於慈護有情之微細也。

結罪是中犯者。若知水有蟲用澆泥草。若以草若土擲有蟲中者。波逸提。　除水已。若有蟲酪漿清酪漿若漬麥漿。以澆泥若草。若教人澆者。波逸提。若以土若草著如上有蟲等漿中。若教人者。波逸提。

若蟲水有蟲水想。波逸提。　蟲水疑。　無蟲水有蟲水想。　無蟲水疑。盡突吉羅。　此戒具三緣方成本罪。一知有水蟲。二作有蟲想。三自教澆用。

兼制比丘尼波逸提。同制 同學式叉摩那。沙彌。沙彌尼突吉羅。是爲犯。

隨開不犯者。不知有蟲作無蟲想。若蟲大以手觸水令蟲去。若漉水灑地敎人灑。及最初未制戒等。是爲不犯。

會採善見律云。自澆者。隨息一一波逸提。息者止也若敎他澆。隨語語得波逸提。根本律云。河池水處多有蟲魚。苾芻殺心決去水隨有蟲魚命斷之時。皆得墮罪。若不死者皆得惡作。若於此水處堰之令斷。於其下半隨蟲命斷。或時不死。得罪同前。

此戒大乘同制

附考僧祇律云。若比丘營作房舍須水。若河若池若井漉取滿器。看無蟲然後用。若故有蟲當重囊漉諦觀之。若故有蟲至三重。若故有蟲當別作井如前諦觀。若故有蟲當捨所營事至餘處去。蟲生無常。或先無今有。或今有後無。是故比丘日日諦觀。無蟲便用。

薩婆多論云。殺生有三種。有貪毛角及皮肉而殺衆生。有怨憎恚害而殺衆生。有無所貪利有無瞋害而殺衆生。是名愚癡殺。此戒用有蟲水。是謂愚癡殺衆生。

第二十覆房過三節戒

若比丘作大房舍。戶扉牕牖及餘莊飾具。指授覆苫齊二三節。若過波逸提。

緣起佛在拘睒毘國。美音園中。闡陀起大房覆有餘草。復更重第三猶有餘草。彼作念言我不能常從檀越求索草。爲更重覆不止。屋便摧破。諸居士見共皆譏嫌。時有知足比丘聞之白佛結戒。此是遮罪。由房舍事貪慢煩惱。制斯學處。

【釋義】文分二節。作大房下。明其營造。若過下。結成所犯。律云大舍者。多用物。律攝云大住處有二種一形量大二施物大此據形大有主爲作及餘莊飾者。刻鏤綵畫。覆者有二種。縱覆。橫覆。按西國所造室宇臺觀板屋平頭壁泥石灰覆覆以甎甓或苫茅苫草及以板木戶牖垣牆圖畫彫鏤種種奇製嚴飾不一今律云及餘莊飾者乃是總句也彼比丘指授二節。覆已。節謂節度也第三節未竟。當去至不見不聞處。

【結罪】是中犯者。若二節覆已。第三節未竟不去至不見不聞處。第三節竟。波逸提。若捨聞處至見處。捨見處至聞處。一切突吉羅。此戒具三緣方成本罪。一作房廣求。二貪造堅固。三過覆看竟。

【兼制】比丘尼波逸提。（同制同學）式叉摩那。沙彌。沙彌尼突吉羅。是為犯。

【隨開】不犯者。若水陸道斷。賊難惡獸難。水大漲。或為勢力所持。若被繫。若命難梵行難。指授第二至第三節未竟。不去至不見不聞處。及最初未制戒等。是爲不犯。

〔會採〕薩婆多論云。凡作房法有三。上中下覆房法。各自有限。若下房以中上房覆法者。以鎭重故。兼頓成故。若用草覆。草草波逸提。若中房以上房覆法者。亦以鎭重故。若用草覆。草草波逸提。若隨上中下覆法者。以頓成故。房成已一波逸提。若不頓壘牆成無罪。

根本律云。若起牆時。是濕泥者。始從治地築基創起牆壁。應二三重布其模墼。過者墮罪。若是熟磚及以石木。或可施主欲得疾成。雖過重數。並皆無犯。按本部與十誦至第三節覆未竟捨去無犯餘部至第四節方成其罪今如本部之制餘部但可通曉

此戒大乘同學

第二十一自往教尼戒

若比丘僧不差教誡比丘尼者。波逸提。

緣起　佛在舍衛國。給孤獨園。大愛道比丘尼請佛。聽諸比丘與尼教誡說法。佛敕阿難隨次差上座往。時次當般陀。然尊者所誦唯一偈。至往受尼禮

請說一偈已。卽入第四禪。六羣尼各相向調戲言我先有此語。般陀比丘癡人唯誦一偈。若來教我等。說已更何所說。今者默然。果如所言。有諸阿羅漢比丘尼聞尊者所說。皆大歡喜。如是三番說偈。三番入第四禪。尊者出定。觀衆尼心。或有喜者。或有不喜者。卽昇虛空現諸神變說法而去。時六羣比丘自往教誡。不說正法。但說一切世論乃至笑儛跛行等。六羣尼極大歡喜。羅漢尼以恭敬心故默然無言。大愛道白佛。佛制僧中差教授尼白二羯磨。於是六羣比丘即出界外更互相差往。大愛道重白佛。佛制成就十法。然後得教授尼。一戒律具足。二多聞誦二部戒相。三決斷無疑。四善能說法。五族姓出家。六顏貌端正。七尼衆見便歡喜。八堪任與尼衆說法。勸令歡喜。九不爲佛出家而被法服犯重法。十滿二十歲若過。二十歲即二十夏臘如此等可與尼教誡。遂爲結戒。此是遮罪。由尼事貪心希望。招世譏嫌。待緣煩惱。制斯學處。乃初篇婬根本種類。按根本律云具七法者僧應差教授尼一持戒二多聞三住耆宿位四善都城語五不曾

以身污尼六於八地勝法善能分別七於八尊重法善能解釋

【釋義】律云僧者。一說戒。一羯磨。差者。僧中所差白二羯磨。此法於作持中明教授者。八不可違法。百臘比丘尼見初受戒比丘。當起迎逆問訊禮拜請令坐。一不得罵比丘。不得誹謗言破戒破見破威儀。二不得舉比丘罪作憶念作自言。不得遮他覓罪遮說戒自恣。比丘尼不得說比丘過失。比丘得說比丘尼過失。三已學於戒式叉摩那。從衆僧求受大戒。四若犯僧殘應在二部僧中半月行摩那埵。五於半月當從僧中求索教授人。六不應在無比丘處夏安居。七夏安居訖。當詣衆僧中求三事自恣見聞疑。八如此八事應尊重恭敬讚歎。盡形壽不應違。此八敬法尼初求度佛即先宣已令半月請僧教誡令大愛道復請者爲欲發起羯磨差往因緣故然所教者即此八不可違法也

結罪是中犯者。若僧不差。或非教授日而往與說八不可違法。突吉羅。若僧差往應尅時到。尼亦尅時迎。若尅時不到。突吉羅。尼應出半由旬迎供給所須。若不爾者突吉羅。若僧不差而往與

說法者。波逸提。　此戒具三緣方成本罪。一必貪心違制。二是敎誡比丘尼。三兩腳入門。

【兼制】比丘尼突吉羅。同制別學式叉摩那。沙彌。沙彌尼突吉羅。是爲犯。

【隨開】不犯者。如上僧中差往尅時而至。若諸難緣留阻不容尅時而至。及最初未制戒等。是爲不犯。

【會採】僧祇律云。敎誡尼不得從日沒至明相未出。不得深猥處不得露現處。當在不深不露處。若講堂若樹下。不得十四日十五日。月一日二日三日。

應從四日至十三日往教誡。不得教誡不和合尼衆。到已應問尼僧和合不。若和合應遣使呼來。若不得來者。應與教誡欲。不得偏教誡。不得長語教誡。

五分律云。若不差教誡尼。語語波逸提。　教誡式叉摩那。沙彌尼突吉羅。　若僧不差。爲教授故入尼住處。隨入多少。步步波逸提。　若一脚入門突吉羅。除比丘尼病。

善見律云。若不說八敬先說餘法。突吉羅。　若說八敬已後。說餘法不犯。

十誦律云。比丘應誦尼戒。莫令忘失。何以故。諸女人喜忘智慧散亂。我泥洹後。當從大僧問戒法。

此戒大乘同學。必若觀機知有大益不犯。然在末法。尤宜愼重。

（附考）薩婆多論問云。教誡教授有何差別。答曰。遮無利益。故名教誡。與有利益。故名教授。又教住正念。故名教誡。教住正知。故名教授。乃至令修世間善法。故名教誡。令修出世間善法。故名教授。以是差別。

第二十二教尼至暮戒

若比丘爲僧差教授比丘尼。乃至日暮者。波逸提

緣起 佛在舍衛國。祇桓精舍。時難陀。薩婆多論云此非佛弟難陀爲衆僧所差教授比丘尼。教已默然而住。大愛道重請乃至三教。難陀好音聲。聽者樂聞。遂至日暮。尼出祇桓入舍衛城。城門已閉。卽依城壍中宿。晨旦在前入城。諸長者見已。謗爲與比丘共宿。佛知爲僧結戒。因譏嫌事。制斯學處。乃初篇婬根本

種類。

〔釋義〕律云。彼比丘僧所差教授比丘尼。應乃至日未暮當還。此戒非爲比丘往尼寺而制所制者是比丘尼來僧寺暮歸也准前緣起據後開中可知

〔結罪〕是中犯者。若教授至日暮者。波逸提。除教授。若受經若誦經若問。若以餘事乃至日暮。突吉羅。除比丘尼已。若爲餘婦女誦經若受經若問。若以餘事至日暮。突吉羅。若日暮日暮想。波逸提。日暮疑。日暮不日暮想。不日暮日暮疑。盡突

吉羅。　此戒具三緣方成本罪。一必在僧寺教授比丘尼。二尼寺隔城。三時至日暮作日暮想。

兼制　比丘尼突吉羅。同制別學式叉摩那。沙彌。沙彌尼突吉羅。是爲犯。

隨開　不犯者。若船濟處說法尼聽。共賈客行夜說法尼聽。若至尼寺中說法。若說戒日來請教授八值說法便聽。及最初未制戒等。是爲不犯。

會採　律攝云。雖在時中若諸尼衆立而不坐。或復營務紛擾不息。或身有拘礙而爲說法者。亦名非時。若施主本意請法師通夜說法。或尼寺近對城門。或城門夜不關閉。或尼寺在城中。或尼衆在白衣舍此皆無犯。其教授尼人一被差已。盡形壽教授更不須差。

此戒大乘同學

第二十三譏論教尼戒

若比丘語諸比丘作如是語。比丘爲飲食故教授比丘尼者。波逸提。

〔緣起〕佛在舍衞國。給孤獨園。時比丘尼聞教授師來半由旬迎。安處房舍辦飲食洗浴處。六羣不爲僧差生嫉妬心。言諸比丘無有眞實。但爲飲食故教授尼。有少欲比丘聞知。嫌責六羣白佛結戒。由懷嫉心。制斯學處。

結罪是中犯者。言諸比丘爲飲食故教授比丘尼。爲飲食故教誦經受經若問。說而了了波逸提。不了了者突吉羅。　此戒具四緣方成本罪。一要有嫉妬心二必教誡比丘尼。三妄語爲飲食故。四說而了了。

〔兼制〕比丘尼突吉羅。同制別學式叉摩那。沙彌。沙彌尼突吉羅。是爲犯。

〔隨開〕不犯者。其事實爾。爲飲食供養故。教授尼。爲飲食故教誦經受經。若問。若戲笑語。獨處語。夢中語。欲說此乃說彼。及最初未制戒等。是爲不犯。

〔會採〕僧祇律云。若言爲醫藥者。得越毘尼罪。

五分律云。若言爲供養故教誡比丘尼。及式叉摩那沙彌沙彌尼。突吉羅。　若言比丘行十二頭陀行。坐禪誦經作諸功德。皆爲供養利故。語語突吉羅。

此戒大乘同學

第二十四與非親里尼衣戒

若比丘與非親里比丘尼衣。除貿易。波逸提。

緣起 此戒有三制。佛在舍衛國。給孤獨園。城中有一乞食比丘威儀具足。時有比丘尼見便生善心數請此比丘。比丘不受請。異時祇桓衆僧分衣物。此比丘持衣分出門見彼比丘尼來。欲酬前請意彼不受。卽以衣與。彼尼輒便受之。此比丘數數向人說嫌責。有少欲慚愧比丘聞知。啟白世尊。此初結戒也。後比丘不敢與親里尼衣。佛言聽與。第二結戒也。時二部僧共分衣。僧尼錯取白佛。佛言聽貿易。此第三結戒也。因致譏嫌。制斯學處。乃初篇婬根本種類。須知僧尼衣分錯者為檀越云此是比丘衣此是比丘尼衣然衣本無二式若式有二則不聽貿易披著今訛傳云僧衣邊縫向外尼衣邊縫向內諸部律制並無斯說

【釋義】律云。親里者如上。衣者有十種如上。貿易者。共相換易以衣易衣乃至以非衣易衣。鍼貿刀若縷線。下至藥草一片。

結罪是中犯者。與非親里尼衣。波逸提。　此戒具三緣方成本罪。一必是無過非親里尼。二物非貿易及餘因緣。三衣財應量。

兼制比丘尼突吉羅。同制別學式叉摩那沙彌沙彌尼突吉羅。是爲犯。

隨開不犯者。與親里共相貿易。與塔與佛與僧。及最初未制戒等。是爲不犯。

會採薩婆多論云。若與應量衣。波逸提。　與不應量衣物等。突吉羅。

五分律云。若與破戒邪見親里比丘尼衣。突吉羅。

與非親里餘二女衆衣。突吉羅。　若爲料理功業事。若爲善說經法。若爲多誦經戒。與衣皆不犯。

根本律云。若見遭難無衣服者與之。或受戒施無犯。

此戒大乘同學。然在末法應須審愼。

第二十五與非親尼作衣戒

若比丘與非親里比丘尼作衣者。波逸提。

〔緣起〕此戒有二制。佛在舍衛國。祇桓精舍。時有比邱尼欲作僧伽黎持至寺中。迦留陀夷善知作衣法。即與裁縫之。作男女行欲像。尼來。即襞衣授與之。語言此衣不得妄解披看。亦莫示人。若白時到。（謂檀越請僧白時到赴供也）著此衣在尼僧後行。尼如其教諸居士見拍手高聲大笑。大愛道問知其故。遂白諸比邱。諸比邱轉白世尊。此初結戒也。時諸比邱畏愼不敢與親里比邱尼作衣。佛聽。此第二結戒也。因致譏嫌。制斯學處。

〔釋義〕律云。親里如上。衣有十種如上。（律攝云作衣者謂割刺浣

染

結罪是中犯者。與非親里比丘尼作衣。隨刀截多少波逸提。隨一縫一鍼波逸提。若復披看牽挽熨治。以手摩捫。若捉角頭挽方正。若安帖若緣。若索線。若續線。一切突吉羅。此戒具三緣方成本罪。一尼非親里。二心欲戲弄。三自手作衣。

兼制比丘尼突吉羅。同制別學式叉摩那。沙彌。沙彌尼突吉羅。是爲犯。

隨開不犯者。若與親里比丘尼作。若爲塔。若借著浣染治還主。及最初未制戒等。是爲不犯。

〔會採〕五分律云。取衣時突吉羅。

薩婆多論云。若尼遣使持衣財來與作衣。突吉羅。

若使人與作。突吉羅。　若與作不應量衣。突吉羅。　若浣隨一一事。突吉羅。

此戒大乘同學

第二十六與尼屏坐戒

若比丘與比丘尼在屏處坐者。波逸提。

〔緣起〕佛在舍衛國。祇桓精舍。迦留陀夷顏貌端正。

偷蘭難陀比丘尼亦爾。彼此皆有欲意。時迦留陀夷淸旦至偷蘭難陀所。在門外共一處坐。諸居士見咸共嫌之。有知足慚愧比丘聞已。白佛結戒。因招譏嫌。制斯學處。乃初篇婬根本種類。

【釋義】律云一處者。一是比丘一是比丘尼。屏處者。見屏處。聞屏處。見屏覆者。若塵若霧若黑暗中不相見。聞屏覆者。乃至常語不聞聲處是。

【結罪】是中犯者。若比丘獨在屏處與比丘尼坐者。波逸提。 若盲而不聾。聾而不盲。突吉羅。 立住者突吉羅。　此戒具三緣方成本罪。一是屏處。二唯一尼。三身同坐。

【兼制】比丘尼突吉羅同制式叉摩那。沙彌沙彌尼別學突吉羅。是爲犯。

【隨開】不犯者。若比丘有伴。若有智人。智人謂在家男子知善惡語之也若行過卒倒地。或病轉倒。或爲勢所持繫閉。若命難梵行難。及最初未制戒等。是爲不犯。

【會採】五分律云。與餘二女衆屏處坐者。亦波逸提。薩婆多論云。經行已還坐波逸提。　隨起還坐。隨得爾所波逸提。

律攝云。此言坐者。據起犯緣。設餘威儀。亦皆同犯。

此戒大乘同學

第二十七與尼同行戒

若比丘與比丘尼期同一道行。從一村乃至一村。除異時。波逸提。異時者。與估客行。若疑畏怖時。是謂異時。

緣起此戒有三制。佛在舍衛國。給孤獨園。六羣比丘與六羣尼。在拘薩羅人間遊行。諸居士見皆譏嫌。此初結戒也。時諸比丘不先與尼共期。卒道路相遇。畏愼不敢共行。佛言不共期不犯。故加期同一道行。此第二結戒也。時有僧尼二衆俱欲至毘舍離國。以比丘不敢同行。諸尼在後爲賊所刼。因是復開異時。故有第三結戒也。此是遮罪。由譏嫌故。制斯學處。乃初篇婬根本種類。

【釋義】文分二節。與比丘尼下。明其所犯。異時下。明其隨開。律云期者。言共去至某村某城某國道者。村間有分齊行處。（言同一道行顯非異路也）異時者。（謂在難緣有商客同）

行不疑者。疑有賊盜劫處。畏怖者。有賊劫盜。十誦
犯　律云
疑有二種一疑失衣鉢二疑失糧食尼之衣食比
丘應取持去至安隱處應還與言姊妹汝等隨意
不得
共行

【結罪】是中犯者。若與尼期同一道行。乃至村間分齊處。隨衆多少界多少。一一波逸提。非村若空地行。乃至十里波逸提。若減一村減十里。突吉羅。若多村同一界行。突吉羅。方便欲去共期莊嚴。一切突吉羅。此戒具三緣方成本罪。一有心共期。二躬同道行。三村里越制。

〔兼制〕比丘尼突吉羅。同制別學式叉摩那。沙彌。沙彌尼突吉羅。是爲犯。

〔隨開〕不犯者。不共期大伴行。若爲力勢者所持。若命難。若梵行難。及最初未制戒等。是爲不犯。

〔會採〕僧祇律云。若共隨車伴行止息。發去時喚尼來。勿使不及伴。波逸提。若言去去。勿使失伴。無罪。乃至問路。檀越家亦爾。

薩婆多論云。不期而偶共同道。當使相去語言不聞聲處。若相聞已還。突吉羅。若尼與比丘期比邱不許。若比邱與尼期尼不許。若相聞語聲。突吉羅。若與式叉摩那。沙彌尼議共道行同尼也。

此戒大乘同學

附考律攝云。凡苾芻苾芻尼將行之時。預先一日應白和尚阿闍黎。我今有事詣彼村坊聽不。坊者邑里之名隨師不應違逆。若無二師。應白上座。所有臥具囑他守護。苾芻有難隙者。不應共行。若有因緣須共行時。應懺摩已同去。凡涉路時應爲法語。勿出惡言。或爲聖默然。勿令心散亂。若至天神祠廟。誦伽陀。舊云偈也彈指而退。苾芻不應供養天神。若路次止息處。或泉池取水之處。皆誦伽陀。其止宿處應誦三啟。汲水繩索亦應持行。若有機緣與尼同行。尼食苾芻應持。食時更相授與。有病苾芻共舁去。若人少者。尼亦助舁。若至村落為覓醫藥。若乞食時。令人看物持食來與。若尼有病準此應知。

第二十八與尼同船戒

若比丘與比丘尼共期。同乘一船上水下水。除直渡者。波逸提。

〔緣起〕此戒有三制。佛在舍衛國。祇桓精舍。六羣比丘與六羣尼共乘船上水下水。諸居士見皆譏嫌。此初結戒也。於是諸比丘不期而尼來畏慎。佛言不期無犯。此第二結戒也。復有衆比丘及尼欲同渡恒水。從此岸至彼岸。比丘不允同船先渡。尼衆在後。天大暴雨江水泛漲。船到彼岸未還間日已暮。尼衆卽在岸邊止宿爲賊劫奪。因開除直渡不犯。故有第三結戒也。此是遮罪。譏過同前。制斯學處。乃初篇婬根本種類。

結罪是中犯者。若期同上水下水入船。波逸提。若一脚在船上一脚在地。若方便欲入而不入。若共期莊嚴。一切突吉羅。　此戒具三緣方成本罪。一有心期行。二身已入船。三順水上下。

兼制比丘尼突吉羅。同制式叉摩那。沙彌。沙彌尼別學突吉羅。是爲犯。

隨開不犯者。不共期。若直渡彼岸。若入船船師失濟上水下水。或爲力勢持縛。或命難梵行難。及最初未制戒等。是爲不犯。

會採薩婆多論云。與式叉摩那。沙彌尼共期載船。同尼犯也。　尼與比丘議載船。突吉羅。

根本律云。若篙棹柁折隨流而去。或避灘磧。或柁師不用其語。此皆無犯。

此戒大乘同學

第二十九尼讚得食戒

若比丘知比丘尼讚歎教化因緣得食食。除檀越先有意者。波逸提。

【緣起】此戒有三制。佛在舍衛國。給孤獨園。城中有一居士請舍利弗目犍連食。於夜辦具種種美食。晨旦露地敷眾多好坐具。偷蘭難陀比丘尼先至其家。毀謗二尊者是下賤人。讚調達等五人是龍中之龍。言語之頃。二尊者至。偷蘭難陀見已語居士言。龍中之龍已至。居士語比丘尼言。向者言下賤人。今云何言龍中之龍耶。自今已去勿復來往我家。二尊者食竟。還白世尊。世尊呵責調達部黨。汝等云何遣尼勸化得食。此初結戒也。時諸比丘不知有勸化無勸化後。乃知。或作波逸提懺者。或有疑者。故開不知無犯。此第二結戒也。又羅閱城有大長者。是梨師達親友。待梨師達至供養衆僧。後梨師達至城。有比丘尼往語長者。因即設齋。梨師達恐犯戒不受食。故更除檀越先有意者。此第三結戒也。因不敬事制斯學處。乃初篇婬根本種類。

釋義 文分二節。知比丘尼下。明其所犯。除檀越先有意者。明其隨開。律云教化者。阿練若乞食人。著

糞掃衣。作餘食法不食。一坐食。一摶食。塚間。露地坐。樹下坐。常坐。隨坐。持三衣。此十二頭陀行讚偈多聞法師。持律。坐禪也。以如是過分讚美其德令檀越生信敬心希冀其惠施也食者。從旦至中得食。

結罪是中犯者。彼比丘知比丘尼教化得食食。咽咽波逸提。除此飯食已。教化得餘䞋體衣燈油塗足油。一切突吉羅。

知教化教化想。波逸提。教化疑。不教化教化想。不教化疑。盡突吉羅。此戒具四緣方成本罪。一知尼讚歎。二讚歎想。三自有貪心。四食已入咽。

【兼制】比丘尼突吉羅。同制別學式叉摩那。沙彌。沙彌尼突吉羅。是爲犯。

【隨開】不犯者。若不知。若檀越先意。若教化無教化想。若比丘尼自作。若檀越令比丘尼經營。若不故教化而乞食與。及最初未制戒等。是爲不犯。

【會採】五分律云。以餘四衆讚歎因緣得食食。突吉羅。餘四衆除比丘尼是薩婆多論云。若不曲讚功德。但說布施沙門福德甚大。食者無罪。

僧祇律云。若有如是讚歎食。當展轉貿食。不得捨食而去。若比座垢穢不淨不喜與貿者。當作是念。此鉢中食是某甲比丘許我當食。此謂自具慚愧不退信心故開

此戒大乘同制。是邪命自活。

第三十婦女同行戒

若比丘與婦女共期同一道行。乃至村間。波逸提。

【緣起】此戒有二制。佛在舍衛國。祇桓精舍。有毘舍

離女嫁與舍衛國人。後與姑共諍還詣本國。時阿那律從舍衛至毘舍離。彼婦女欲隨行。尊者許之。夫主追至。謗打尊者幾死。尊者下道在一靜處。結跏趺坐。入火光三昧。夫主待其出定禮拜懺悔。尊者為說法而去。還告衆僧。衆僧白佛。此初結戒也。時諸比丘不共期道路相遇。有畏愼不敢共行。佛知開聽。故有期同一道行之語。此第二結戒也。由道行事譏謗煩惱。制斯學處。乃初篇婬根本種類。

〔結罪〕是中犯相輕重及不犯等。與尼同行戒無別。

此唯以白衣婦女爲異。故不重釋。　此戒具三緣
方成本罪。一有心期約。二自身同行。三限滿村里。」
兼制比丘尼突吉羅。同制別學式叉摩那。沙彌。沙彌尼
突吉羅。是爲犯。
會採根本律云。若他遣女人引道。或迷於道路女
人爲指授無犯。
此戒大乘同學

毘尼止持會集卷第九終

音義

一坐食 謂比丘受頭陀法者不數數食乃小食等唯受一坐食法於一坐中食令滿足更無坐食設未滿足有因緣起者亦無更坐食故名一坐食 **十七羣比丘** 時羅閱城中有十七羣童子共爲親友最大者年十七最小者年十二最富者八十百千最貧者八十千有一童子名優婆離此翻上首最爲大者時諸童子要共出家卽往僧伽藍中求爲見度諸比丘卽度令出家與授具足多習嬉戲少學禪誦唯優婆離童子先斷煩惱證阿羅漢果此非持律優婆離尊者 **啄** 音捉鳥食物也 **帔** 音轡裙屬又衣帔也 **寱** 音義睡語也 **懲** 音呈止也戒也 **堰** 音燕壅水也 **墼** 音吉土墼未燒塼坯也 **般陀** 或云槃陀伽或云周羅般陀具云周利槃陀伽此云小路邊生又翻繼道以其兄生路邊弟生繼於道邊故名繼道其兄後來出家不久卽得阿羅漢其弟後厭俗從兄出家兄敎一偈四月不得忘前失後兄自念言此人於佛法無緣當遣還家卽牽袈

裟驅令出門門外啼哭不欲還家佛以天眼觀見般陀應可度緣往至其所問知安慰其心卽以少許白氎與般陀捉此向日而曝當作如是念取垢取垢世尊教已入聚受請時臨日中觀般陀將得道果卽說偈言入寂者歡喜見法得安樂世無瞋最樂不害於衆生世間無欲樂出離於愛樂若調伏我慢是爲第一樂般陀遙聞此偈卽得阿羅漢果此據善見律畧錄彼教授尼卽此一偈　薩婆多論云尊者小路於昔迦葉波佛法中具足持彼佛三藏由法慳垢覆蔽其心曾不爲他授文解義及理廢忘由彼業故今得如是極闇鈍果

大愛道比丘尼

增一阿含經云我聲聞中第一比丘尼久出家學國王所敬所謂大愛道瞿曇彌是瞿曇彌是其姓也

難陀

文句云亦名放牛難陀此翻善歡歡喜亦翻欣喜文句記云從初慕道爲名歡喜中勝故云善也本是放牛之人因問佛放牛十一事知佛具一切智出家獲阿羅漢果　根本律云難鞞迦尊者佛遣彼爲尼衆說

法敎誡時五百苾芻尼聞法得阿羅漢果　薩婆多論云往昔惟衞佛出現於世爲衆生說法　彼佛滅後有王起牛頭栴檀塲種種莊嚴此王有五百夫人供養此塲各發願言願我等將來從此王邊而得解脫爾時王者今難陀是爾時五百夫人者今五百比邱尼是以是本願因緣故應從難陀而得解脫　襞音碧襞摺疊衣也　熨治熨音畏謂以火申繒從上而按下也俗謂之火斗是也本作尉俗作熨非今　舁音忌亦音其舉也　磧音迹水渚有石者　黎師達此云仙授亦云仙與又云仙施三義皆一謂從仙人求得之子也　火光三昧即第四禪定

毘尼止持會集卷第十

金陵寶華山弘律沙門讀體集

第三十一過受一食施戒

若比丘施一食處無病比丘應一食若過受者。波逸提。

【緣起】此戒有二制佛在舍衛國。給孤獨園。爾時拘薩羅國有無住處村。居士為比丘作住處常供給飲食。若在此住者常聽一食。六羣比丘至彼處經一宿。得美好飲食。故復住第二宿。復得美好飲食。

念言我等所以遊行者。正爲食爾。今者已得。彼於此住處數數食。居士譏嫌。此初結戒也。後舍利弗遊行詣此得病。恐犯此戒扶病而去。病遂增劇。故更增無病之言。此第二結戒也。因宿食事招俗譏嫌。制斯學處。

釋義　律云。住處者在中一宿。食者乃至時食。（乃至者超畧其五嚼也）病者。離彼村增劇者是。（十誦律云病者下至竹葉所傷）

結罪　是中犯者。若無病比丘於彼一宿處過受食。咽咽波逸提。　除食已。更受餘襯身衣燈油塗脚油。盡突吉羅。 此戒具三緣方成本罪。一無病難。二有貪心。三過受入咽。

【兼制】比丘尼波逸提。同制 同學 式叉摩那。沙彌。沙彌尼突吉羅。是爲犯。

【隨開】不犯者。一宿受食。病過受食。若諸居士請留食。若檀越次第請食今日受此人食。明日受彼人食。或水陸道阻。或諸難緣。及最初未制戒等。是爲不犯。

【會採】十誦律云。過一宿不食。突吉羅。 餘處宿是中食。波逸提。

此戒大乘同學

第三十二展轉食戒

若比丘展轉食。除餘時。波逸提餘時者。病時。施衣時。

是謂餘時。根本律云餘時者病時作時道行時施衣時此是時

緣起此戒有三制。佛在羅閱城。迦蘭陀竹園。與諸比丘遊行人間。有沙㝹婆羅門以五百乘車載滿飲食。經冬涉夏隨逐世尊。伺候空缺設供而不得便。往語阿難爲我白佛欲以飲食布地。令佛僧蹈

過則爲受供。佛乃聽作餅粥供僧。時阿那頻頭國諸居士。聞佛聽僧食粥及餅皆大歡喜。快得作福。有一少信大臣見佛及僧大得供養。卽生福田想。辦肥美飲食請僧。然僧先受他請復食濃粥。不能多食大臣嫌之。佛言不得先受請已食稠粥。稠粥者。以草畫之不合是也。時佛還至羅閱城中。有一少信樂師。其事亦爾。由是不聽展轉食。亦名數數食此初結戒也。諸病比丘所請食處無有隨病藥食。若有隨病美食及藥。畏愼不敢食恐犯其戒。佛聽病比丘展轉食。此第二結戒也。又有一居士亦請佛僧施食及衣。比丘畏愼白佛。佛聽施衣時展轉食。故有第三結戒也。此戒雖開亦不得過午食。於後會採中有據此是遮罪。因食事過分廢闕寂靜。譏嫌煩惱。制斯學處。

【釋義】文分二節。展轉食。明其創制。除餘時下。明其隨開。律云展轉食者。請也。請有二種。若僧次請。別請也。食者。飯麨餅等。病者。不能一坐食好食令足。施衣者。自恣竟無迦絺那衣一月。有迦絺那衣五月。若復有餘時食及衣。律攝云謂有施主施與浴衣及餘帔服或貝齒物等

以充衣直

結罪是中犯者。若今日得多請食。應自受一請。餘者當施與人。如是施與。言長老我應往彼今布施汝。若比丘不捨前請受後請食。咽咽波逸提。若不捨後請受前請食者。咽咽突吉羅。此戒具三緣方成本罪。一無開緣。二不捨前受後。三食已入咽。

兼制比丘尼突吉羅。同制別學式叉摩那。沙彌。沙彌尼突吉羅。是爲犯隨開不犯者。若請與非食或食不足。或無請食者。或食已更得食。或一處有前食後食。及最初未制戒等。是爲不犯。

會採十誦律云、佛言從今日憐愍利益病比丘故。聽三種足食應食。謂好色香味。若一請處不能飽。應受第二請。不應受第三請。　第二處不能飽。應受第三請。不應受第四請。　第三請處不能飽。應受已漸漸食乃至日中。所言日中者聽過午明矣不聽節日數數食。下文共有九句初三句明有衣請食中三句明無衣請食後三句明衣不定請食而令比

丘知除時因緣中復有遮禁
先須酌量然後赴之可也
若比丘有衣食請。彼有衣食來。受請不犯。食亦不
犯。
又有衣食請。彼無衣食來。受請不犯。食者波逸提。
此謂先請時言有衣有食彼比丘來赴請時但
有食而無衣是以受請時不犯若受食時即犯
又有衣食請。彼有衣食無衣食來。受請不犯。食者
波逸提。此謂彼比丘知請有衣而作衣不定想來
赴請到已食有衣無若食者即犯受請來
不犯　此
初三句竟
又無衣食請。彼無衣食來。受請突吉羅。食者波逸

提。此謂請時無衣不合開緣理當善卻請主以護信檀乃名持律淸淨比丘設聞請即赴所以來並受食二俱有犯

又無衣食請。彼有衣食來。受請突吉羅。食者不犯。此謂請時主言無衣彼比丘作有衣想而來赴請到已有衣是故違制受請則犯有衣受食不犯

又無衣食請。彼有衣食無衣食來。受請突吉羅。食者波逸提。此謂請原無衣彼比丘作衣不定想而來既到已無衣噉食所以二俱有犯

此中三句竟

又有衣食無衣食請。彼有衣食無衣食來。受請突吉羅。食者波逸提。此謂施主請時言衣恐有無不定是以非應開緣彼比丘亦作

衣不定想而來到已無衣受食二皆成犯

又有衣食無衣食請。彼有衣食來。受請突吉羅。食者不犯。此謂請時雖言其衣不定彼比丘作有衣想而來到已有衣有食是以皆開受請則犯有衣受食無犯

又有衣食無衣食請。彼無衣食來。受請突吉羅。食者波逸提。此謂明知白請不定自作無衣想而來到已若無衣受食者兩罪俱犯　後三句竟

不犯者。若得多有衣食請。一一有衣食來。悉皆不犯

摩得勒伽云。若先受無衣請食。後受有衣請食不

犯。
律攝云。若於一舍。或在寺中。或阿蘭若。爲求肥悅或樂美食而數食者。得惡作罪。　若輕賤心矯詐不食者。亦得惡作。
五分律云。若僧所差。若別房食。若白衣來受八戒設供養。若常食不犯。
根本律云。作時。道行時。展轉食皆無犯。
僧祇律云。一切菜一切麨一切果。非處處食。非別衆食非足食。多積舍里不犯。

此戒大乘同學

引證 毘尼序云。阿難先受他請。時忘不憶。復同佛受波斯匿王請。以食入口。乃憶知有二請。不與他一請。不敢吐食爲恭敬佛故。又不敢咽食爲持戒故。佛知阿難心悔。告令心念與他便食。優波離問佛。餘人亦得爾不。佛言除五種人。一坐禪人。(專心在道諸念不生故)二獨處。(蘭若自居無人可對說故)三遠行。(造次就路容有忘念故)四長病。五饑餓時依親里住。餘悉不聽。

第三十三別衆食戒

若比丘別衆食。除餘時。波逸提。餘時者。病時。作衣時。施衣時。道行時。乘船時。大衆集時。沙門施食時。此是時。

緣起　此戒有八制佛在羅閱城。耆闍崛山中。爾時調達教人害佛。復教阿闍世王殺父。惡名流布利養斷絕。通己五人家家乞食。故制不得別衆食。此初結戒也。有病比丘畏愼不敢別衆。佛知故聽。此第二結戒也。時自恣竟迦提月中比丘作衣。諸優婆塞僉衆疲苦來請與食。報言但請三人。我等不應別衆。佛言作衣時聽。此第三結戒也。時有居士欲施食及衣來請。報言但請三人與食我等不得別衆。佛言受施衣時別衆食此第四結戒也。有諸比丘與衆居士同行險道。乞食時至。語衆居士我欲詣村乞食。少見留待還當共俱。居士白言此路有疑恐怖。我當供給飲食莫在後來。比丘云但與三人我等不得別衆食即入村乞食。伴便前進不及。爲賊所劫衣服。佛言若在險道中行聽別衆食。此第五結戒也。與諸居士乘船順流而去亦如是爲賊所劫故開此第六結戒也。時衆多比邱遊行詣一小村。諸居士念言。衆僧多而村落小。可與僧作食勿令疲苦。卽至僧伽藍中白請明日受食。比邱報言但請三人。我等不得別衆。佛言聽大衆集時別衆食。此第七結戒也。時瓶沙王姊子。欲於外道沙門中出家。設食已往白王。王問言欲於何處出家。答言於尼揵子中出家。王復問言竟與我曹沙門釋子設食不。因而設食請僧。亦如上答不受。佛言聽沙門施食時得別衆食。乃第八結戒也。此是遮罪。因提婆達多。制斯學處。

釋義 文分二節。別衆食明其創制。餘時等。明其隨開。律云別衆食者。若四人若過四人。五分律云若於界內別請四人已上名別衆食根本律云別衆食者謂別別而食律攝云別衆者謂不同處食若四苾芻同一界內下至一人不共同食並名別衆食者。飯麨乾餅等。此中所制五正食餘食無犯作衣時者。自恣竟無功德衣一月。有功德衣五月。乃至衣上作馬齒一縫。薩婆多論云作衣時食難得者聽別衆食食若易施得不聽衣時者。如上一月五月。及餘所施食及衣。根本律云施衣時者謂如拭巾裙量縵條量等道行者。下至半由旬內有來去者。乘船行者。下至半由旬內乘船上下。大衆集者。食足四人長一人爲患。五人十人乃至百人長一人爲患。此謂人多食不足故　薩婆多論云大衆集者或以法事或以餘緣衆僧集會極少舊比丘四人客比丘四人名爲大衆雖大衆集食不難得者不聽　沙門施食者。在此沙門釋子外。諸出家者。及從外道出家者是。　若比丘無別衆食因緣。因緣卽餘時等　彼比丘卽當起白言。我於此別衆食中無因緣欲求出。聽使出。若二人三人隨意食若四人。若過四人。應分作二部更互入食。　若比丘有別衆食因緣欲入。尋當起白言。我有別衆食因緣欲求入。隨上座次入。

【結罪】是中犯者。若比丘別衆食者。咽咽波逸提。若有因緣不說者。突吉羅。　此戒具三緣方成本罪。一無別衆緣。二滿衆而受。三得食入咽。

【兼制】比丘尼波逸提。（同制）同學式叉摩那。沙彌。沙彌尼突吉羅。是爲犯。

【隨開】不犯者。除餘時。若三人。四人更互食。若有因緣去。及最初未制戒等。是爲不犯。

【會採】善見律云。別衆食有二種。一請。二乞。如一居士至四比邱所以正食請言。願大德受之。是名請。一時受一處食。四人俱得罪。卽墮罪也若一時受請。各去各受各食不得罪。若別請別去至居士家一時受食得罪。是名受請得罪。　從乞得罪者。如四乞食比邱見居士語言。與我等四人食。或俱去或各去一時受食得罪。是名從乞得罪。　若請四人有一解法者。欲俱食畏犯。卽作方便行食時覆鉢不受居士問言何以不受。答云但與三人食我欲咒願。三人食竟。後便受食不犯。　若請與飯。至家與粥不犯。

十誦律云有二利故遮別衆食。一者隨護檀越以憐愍故。二者破諸惡欲比丘力勢故若三比丘別共一處食。第四人取食分不犯。　若道行乘船。昨日來今日受食明日行今日食皆波逸提。緣同行不及件因難許開若前日後日則非開緣受食故犯

僧祇律云若三人食一人不食。若三圓具一未圓具。皆無犯。　若以食送彼。乃至鹽一匙與彼衆處食。皆無犯。　或施主言但來入者。我皆與食。或施

主別造房施。住我房者。我皆與食。斯亦無過。

律攝云。若四苾芻同一界內。若四人中一有開緣。若僧伽食。若私己食。並皆無犯

薩婆多論云。若僧伽食時。應作四種相。一打揵椎。二吹貝。三打鼓。四唱令。令界內聞知。此四種相隨定作一。勿使雜亂。不成僧法。若不作相而食僧伽食者。食不清淨。名爲盜僧伽食。不名別衆罪。盜僧伽食乃計錢多少犯盜也若作相食者。設使界內有比丘無比丘。若多若少。若知有比丘無比丘。若來不來。但使不

遮一切無咎。若使有遮。雖打揵椎食不清淨。名盜僧祇。遮謂遮外來客比邱也　若大界內有二處三處。各有始終。僧祇但一布薩。若食時但各打揵椎一切無遮。清淨無過。　若檀越請四人已上在布薩界內食。應布薩處請僧次一人。若送一分食。不爾者墮罪。

若二處三處亦如是。此謂有多處共結法食二同界也　若各至布薩處僧中請一人。若送一分食則清淨。隨何處不請僧中一人。不送一分食者墮罪。　若聚落界內雖無僧界。設二檀越請四人已上於二處食。應打揵椎。二處互請一人若送一分。若有異處比丘應如法入。乃至一人。不爾者墮罪。若僧食時。自在維那。自在者謂任其主宰也以僧祇物別作肥美四人共食。四人雖在二處無別衆食罪。但食不清淨。凡是別衆食盡是檀越食。若僧祇食一切盡無別衆食。但不如法食。僧祇食者。食不清淨多得盜僧祇罪。若檀越舍內請四人已上食。雖打揵椎。若檀越遮者。知一比丘不得食者。盡得墮罪。遮者謂檀越雖遮未來比丘比丘不應別衆食若知一比丘不得食者得罪戒因緣經云。毘舍佉母別請佛及五百阿羅漢食。世尊知而故問阿難。頗有一比丘於僧中唱使行否。答言不也。佛言。愍此毘舍佉不獲一福。云何不食一比丘食一比丘。僧者得大福獲大果。若比丘衆中不唱。私會者犯墮。

此戒大乘同學。

附考根本律云。五因緣早請食來房中食。一是客新來。二將欲行去。三身嬰病苦。四是看病人。五身充知事。

摩得勒迦云。若檢校人。應於齋食先取自分食之無過。

按此別衆其義有二一者別爲衆如四分等所明二者別於衆如律攝所釋然則乞食不得四人同行受請必須僧次差往僧中常食要打揵椎請食私房無緣不聽聖制昭然豈容廢越嗟今叢席私厨例設美味任餐致令後學倣效而偭規也仰祈智者思幻質非堅美食難保恒壽師模任重嚴制豈可廢亡

第三十四過三鉢受請戒

若比丘至白衣家。請比丘與餅麨飯。若比丘欲須者。當二三鉢受。還至僧伽藍中應分與餘比丘食。若比

丘無病過兩三鉢受持還至僧伽藍中不分與餘比
丘食者。波逸提。
緣起此戒有二制。佛在舍衛國。給孤獨園。彼有大
村女嫁欝禪國。還父母家。施比丘食。後於異時。其
夫遣使呼還。卽辦食莊嚴共往。有諸比丘來至父
家乞食。時女見之。卽復以所辦食盡與。方更辦具。
未還之間。其夫已更取婦矣。又波羅奈城外。衆多
商賈車伴共止宿。有一乞食比丘於一信樂商賈
處得食去。展轉告餘比丘乞食。令盡。時商主方入

城更市糴糧。諸伴先去。在後不及。道路爲賊所刼。諸比丘聞知白佛。此初結戒也。於是諸病比丘畏愼不敢過受食。佛言聽諸病者過受食。乃第二結戒也。此是遮罪。由食事多貪煩惱。制斯學處。

釋義　文分二節。至白衣家下。明受食法。無病下結成所犯。律云若比丘至白衣家請與餅麨食。請謂發言敬請與謂施與植福當問其主。若彼言是歸婦食。商客道路糧者。卽應食已出。還僧伽藍中。白諸比丘某甲家有歸婦食。有商客道路糧。若欲食者。食已應出。若欲持食還者。齊二三鉢。我今不持食來。（二三鉢是其限也。鉢量有上中下。如上。）若持一鉢食還。共分食之。（謂一界同居利和均分也。）當語餘比丘言。若有至彼家者。即於彼食。若持食還者。應取兩鉢。我已持一鉢還。如若持兩鉢還。共分食之。復語諸比丘言。若有至彼家乞者。可即彼家食。欲持來者。應取一鉢還。我今已持兩鉢還。如若盡持三鉢還。共分食之。白餘比丘言。若欲至彼家乞者。可即於彼食。若欲持還者。愼勿持還。我已持三鉢來。

結罪是中犯者。若比丘無病於彼家過兩三鉢受食還。出彼門波逸提。　若一足在門內一足在門外。方便欲去而還住者。盡突吉羅。　若不問歸婦食。賈客道路糧。而取食者突吉羅。　若持至僧伽藍中不分與餘比丘而獨食者。若不語餘比丘。盡突吉羅。　此戒具四緣方成本罪。一是歸婦食。及商客道路糧。二自身無病。三受過三鉢。四持出彼門。

兼制比丘尼波逸提。同制同學式叉摩那。沙彌。沙彌尼。

突吉羅。是爲犯。

〔隨開〕不犯者。不違上制。若彼自送至僧伽藍中得受。若復送至比丘尼寺中得受。及最初未制戒等。是爲不犯。

〔會採〕十誦律云。若以上鉢取者。應取一鉢不應取二。若以中鉢取者。極多取二鉢不應取三。若以下鉢取者。極多取三不應取四。過取皆得墮罪。

根本律云。要而言之。若苾芻取他食時。過四升半米飯分量已上。當得墮罪。　若施主任取多少者無犯。

律攝云。若於非人及外道家過三鉢取。咸得惡作。

若卽此座過三而食。除餅麨但將餘物。或施主歡喜隨意將去。並皆無犯。　有三種虛損信施。一施主信心施持戒者。受已與犯戒人。二信心施正見者。受已與邪見人。三過量而受不自噉食。乃至長受一搦之食。除其施主先有隨意。如斯三事並名虛損信施。當招惡果。搦者爲兩手所奉也又撮也

此戒大乘同學。

第三十五不作餘食法戒

若比丘足食竟。或時受請不作餘食法而食者。波逸提。

緣起佛在舍衛國。祇桓精舍。讚歎一食法。諸比丘即隨所噉根葉華果。飯麨乾餅。若飲漿若服藥。便當一食。形體枯燥顏色憔悴。佛乃聽於一座上食飯麨餅等令飽滿。（律攝云一座食者若尊者來亦不應起既受食已不應離座下至行鹽及受食菜皆不應起）病比丘不能一座食者。聽數數食。病人無足食法。時諸病比丘若得好美食。食不能盡瞻病人足食已不敢食便棄之。衆鳥爭鳴。復聽瞻病人足食已得食殘食。時諸比丘淸旦受食舉已。入村乞食。食已還舉所舉食與諸比丘。彼已足食皆不敢食。佛聽取所受食作餘食法應食。有一長老多知識。入村乞食大得積聚一處。共食持還與諸比丘。衆已足食亦不敢食佛聽從彼處持食還。作餘食法而食之。當作如是餘食法言。大德我足食已。知是看是。此作餘食法。彼應取少許食已。當語彼比丘言我止。汝取食之。是名餘食法。時舍

衞國有一貪餮比丘不知足食不足食不知餘食不餘食得便食之諸比丘嫌責白佛結戒此是遮罪由貪餮無厭制斯學處

釋義律云食者五正食於五食中若食一一令飽足有五種足食一知飯謂五正食餘不名足食倒𥹋若和水指畫見跡律攝云粥若初熟匙不此皆成足食異此不成二知持來謂有人授與三知遮謂足食竟心發言不須也四知威儀謂四儀中皆得受食也五知捨威儀謂坐者行住臥乃至臥者坐住行也

結罪是中犯者若比丘足食已捨威儀不作餘食

法而食。咽咽波逸提。　若佉闍尼。枝葉華果食。油胡麻黑石蜜磨細末食。足食已不作餘食法得而食之。咽咽波逸提。

若足食已。爲他作餘食法。　若知他足食已。向之作餘食法。　若自手捉食。作餘食法。　若持食置地。作餘食法。　若使淨人持食。作餘食法。　若以不好食覆好食上。作餘食法。　若受他餘食法盡持去。如是等不成餘食法。一切盡突吉羅。

若足食足食想。波逸提。　足食疑。　不足食足食想。不足食疑盡突吉羅。此戒具五緣方成本罪。一受食飽足。二足食想。三已捨威儀。四不作餘法。五復食入咽。

兼制 比丘尼突吉羅。同制別學準五分律尼亦同犯式叉摩那。沙彌。沙彌尼突吉羅。是爲犯。

隨開 不犯者。食作非食想。不受作餘食法。非食不作餘食法。自取作餘食法。不置地作餘食法。乃至手及處若與他。他與已作餘食法。若病。若病人殘食不作餘食法。及最初未制戒等。是爲不犯。

【會採】十誦律云。以二利故。聽受殘食法。（即作餘食法也）一者。看病比丘因緣故。二者。比丘有因緣食不足故。

律攝云。有五蒲膳尼。即可噉食。（此食取含噉之義也）一飯。二麥豆飯。三麨。四肉。五餅。又五珂但尼。即可嚼食。（此食取嚼齒之義也）謂根。莖。葉。華。果。若先食五嚼食及乳酪菜等後食五噉食無犯。若先食五噉食。更食五嚼食及乳酪菜等名犯。應知有五未足之言。謂授食時未即須者。應報言且待。且去。且有。且待我食。且待我盡。若兼且言。名曰未足。若無且聲。便是遮足。若未爲足意設作足言亦不成足得惡作罪。由言不稱法故。　若得餘食作法食者。自身樂住。施主得福。欲作法時洗手受食。持就一未足苾芻。或雖已足未離本座者。（謂不捨威儀也）對彼作法。彼若自未遮足。應取兩三口食已而報之曰。此是汝物。隨意應食。此據前人自未遮足得食無犯。若自足已。便不合食。應以手按如前報之。　有五不成作餘食法。一身在界內對界外人。二不相及處。三在旁邊。四在背後。五前人離座。翻此便成。　若一人作法。

設餘人食並皆無犯。

僧祇律云。聽一人作殘食。餘人皆得食。若比丘持食來欲作殘食時。卽於鉢上碗中作殘者。正得碗中名作殘食。鉢中食不名作。若碗中食汁流入鉢中。得俱名殘食。若並兩鉢求作殘食。前人止食一鉢中食者。正一鉢名作殘食。若或餅或菜通覆橫二鉢上者。二俱得名作殘食。餘種種器亦爾。若比丘足食已。有大檀越持種種飲食至。應問有直月維那知事人未足食者。從彼作殘食。若彼已足食。當從上座未足者作。若上座羞不能入中作者。當合坐舉上座至屏處作。　若上座已足食。有客比丘來應問彼。若未足食卽向彼作。　若客已足食。僧應作方便勿破檀越善心。或衆中有大沙彌（大者謂年滿二十也）將至戒場與受具。敎作殘食法已。然後當食。（五分律與此同也其法儀準律於作持中詳明）

此戒大乘同學。

引證　毘尼母經云。比丘受人施不如法爲施所墮。墮有二種。一者。食他人施不如法修道。放心縱逸。

無善可記。二者。與施轉施。施不如法。因此二處當墮三塗。　應施者。若父母貧苦。應先受三皈五戒十善。然後施與。若不貧雖受皈戒不中施與。　復有施處。治塲人。奉僧人。治僧房人。計其功勞當酬作價。若過與為施所墮。　施病者食。當作慈心。隨所宜與之。若錯誤與食為施所墮。　嬰兒。牢獄繫人。懷姙者。當以慈心施之。勿望出入得報。　詣僧房乞者。若自有糧不須施之。若無糧食施之無咎。

若比邱不坐禪。不誦經。不營佛法僧事。受人施爲施所墮。若前人無此三業知而轉施。與者受者。
皆爲施所墮。盜呑鐵丸而死。不以無戒食人信施。
若足食已更強食者。不加色力但增其患。是故
不應無度食也。大涅槃經云。若一切法無常苦空
無我。云何爲食起身口意三種惡業。若爲貪食起
三惡業所得財物。衆皆共言後受苦果。無共分者。
復觀一切衆生爲飲食故。身心受苦。我當云何
於是食中而生貪著。　復次因於飲食身爲增長。
我今出家受戒修道爲欲捨身。今貪此食。云何當

得捨此身耶。如是觀已。雖復受食。猶如曠野食其子肉。其心厭惡。都不甘樂。深觀揣食有如是過。次觀觸食。如被剝牛為無量蟲之所唼食。次觀思食。如大火聚。識食猶如三百鑽矛。若有比丘乞食預作是念。願得好者。願必多得。亦願速得。不名於食得厭離想。所修善法日夜衰耗。不善之法漸當增長。若欲乞食先當願言。令諸乞者。悉得飽滿。其施食者。得無量福。我若得食為療毒身。修習善法利益眾生。作是願時。所修善法日夜增長。不善之法漸當消滅。

第三十六使他犯餘食法戒

若比丘知他比丘足食已。若受請不作餘食法。殷勤請與食。長老取是食。以是因緣非餘。欲使他犯波逸提。

緣起 此戒有二制。佛在舍衛國。給孤獨園。有一貪餮比丘。被如法比丘所訶言。未曾有汝今貪餮嗜食者。不知足食不足食。餘食不餘食。聞此語已。心懷恚恨。後異時見彼比丘食已。不作餘食法。殷勤請與食。欲令他犯戒。彼卽受食之。貪饕比丘亦如上返訶詰過。有少欲者白佛。此初結戒也。時諸比丘未知已食未食。不知足食不足食。後乃知已食已足食。或作波逸提懺者。或有畏愼者。佛言不知無犯。故更加知。此第二結戒也。由欲令他犯返詰過故。瞋恚煩惱。制斯學處。

釋義 律云。食有五種如上。殷勤請與食者。謂再三頻請強勸令噉嚼也。欲使他犯者。謂欲令彼比丘因此犯罪心生悔惱。此非餘時開聽因緣也。

結罪是中犯者。若彼比丘即受食之。咽咽二俱波逸提。若與令食彼不食棄之。若受而不食舉置。若受已轉與餘人。其與者皆突吉羅。若不作餘食法與。彼作餘食而食之。與者突吉羅。若與病人食欲令他犯。若持病人殘食與他。欲令他犯若作餘食法已與他。欲令他犯。其與者皆突吉羅。

足食足食想。波逸提。足食疑。不足食足食想。

不足食疑。盡突吉羅。此戒具四緣方成本罪。

一彼足食已捨威儀。二足食想欲使他犯。三以未作法食。殷勤請與食。四彼受已不作餘食法。而復食入咽。

【兼制】比邱尼突吉羅。同制別學式叉摩那。沙彌。沙彌尼突吉羅。是爲犯。

【隨開】不犯者。若先不知足食不足食。若與令棄。令舉置。令遺與人而彼取食之。若未作餘食法與令作已食彼不作食之。若持病人餘食與不令他犯。作餘食法與不令他犯。及最初未制戒等是爲不犯。

〔會採〕薩婆多論云。若比丘見餘比丘食竟。不囑食自恣請噉十五種食。隨食何食皆波逸提。　一切麥粟稻蘇莪朩作麨飯餅盡名似食。若變成麨飯餅盡名正食。五不正食及此五似五正故名十五種

此戒大乘同學。

第三十七非時食戒

若比丘非時受食食者。波逸提。

〔緣起〕佛在羅閱城耆闍崛山中。時城中人民節會作衆伎樂。難陀跋難陀往看衆人與食。食訖故看。

向暮方還。又迦留陀夷日暮入城乞食。天陰闇至一懷姙婦家。此婦持食出門值天雷電。暫見其面謂言是鬼。怖而墮身。（卽尊者面黑光故）報言我非鬼是迦留陀夷。婦卽恚言。沙門釋子寍自破腹。不應夜行乞食。諸比丘嫌責難陀跋難陀。及黑光具陳白佛。爲僧結戒。此是遮罪。因長貪招譏制斯學處。

【釋義】律云時者。明相出乃至日中。按此時法。四天下食亦爾。非時者。從日中乃至明相未出。食者有二種。佉闍尼蒲闍尼如上。（僧祇律云日中影過一髮一瞬卽是非時）

結罪是中犯者。若非時受食食咽咽波逸提。若非時藥過非時波逸提。七日藥過七日波逸提。盡形壽藥。無因緣服者。突吉羅。若非時非時想。波逸提。非時疑　非時時想。時非時想。時疑。盡突吉羅。此戒具三緣方成本罪。一是非時食。二非時想。三食入咽。

兼制比丘尼波逸提。同制 同學式叉摩那。沙彌。沙彌尼突吉羅。是爲犯。

隨開不犯者。噉黑石蜜。若有病服吐下藥。聽煮麥令皮不破漉汁飲之。若喉中哯出還咽。及最初未制戒等。是爲不犯。

此戒大乘同學。

【引證】婆沙論云。世尊性離非時食故。如來自誕生王宮以至涅槃。於中會無非時之餐。謂諸佛性恆處中道不著二邊故離非時食以表中道。故制中食。而中前得食者。表前方便得有證義。亦令身心獲現利故。中後不食則少昏睡。無宿食患。身輕安隱。心易得定。有如是義故。故令中食。

毘尼三昧經云。諸天早起食。三世諸佛日中食。畜生日西食。鬼神日暮食。是故佛制斷六趣因。令同三世佛食。

處世經云。佛言中後不食有五福。一少婬。二少睡。三得一心。四無下風。五身得安樂。亦不作病起也。

舍利弗問經云。舍利弗復白佛言。有諸檀越造僧伽藍。厚置資給供來世僧。有似出家人非時就典食者索食。與者食者。得何等罪。其本檀越得何等福。佛言非時食者。是破戒人。是犯盜人。非時與者。

亦破戒人。亦犯盜人。盜檀越物。非施主意。施主無福。以失物故。但有發心置立之善。舍利弗言時受時食。時不盡者。非時復食。或有時受至非時食。復得福不。佛言時食淨者。是卽福田。是卽出家。是卽僧伽。是卽天人良友。是卽天人導師。其不淨者。猶爲破戒。劫盜。餓鬼。爲罪窟宅。非時索者。以時非時。非時輙與。是典食者。是名退道惡魔。名三惡道破器癩病人。壞善果故。諸婆羅門不非時食。外道梵志亦不邪食。況我弟子知法行法。而當爾耶。凡如此者非我弟子。非法之人盜與盜受一團一撮。片鹽片酢。死墮燋腸地獄吞熱鐵丸。從地獄出生猪狗中食諸不淨。又生惡鳥人怪其聲。後生餓鬼還伽藍中。處都圊內噉食糞穢並百千萬歲。更生人中貧窮下賤。所可言說人不信用。不如盜一人物其罪尙輕。割奪多人福田故。斷出世道故。

附考 毘尼序云。比丘病服下藥中後心悶。佛令與熬稻華汁飲與竟悶猶不止佛令與竹笋汁。與竟不瘥。佛令囊盛米粥絞汁與飲。病猶不瘥。佛令將至屏處與米粥。

根本尼陀那云。有病苾芻。醫令以水和麨非時可食。佛言有無齒牛食麥。後時便出其粒仍全。用此爲麨非時應服。服猶不瘥。用生麥麨多將水攪。以物漉之然後應服。服猶不瘥。佛言醫人處方令服麨飲。若稠若團隨意應服。凡所有事我爲病人非時開者於病瘥後咸不應作。

根本百一羯磨云。有五種果若時非時。若病無病。並隨意食。一訶梨勒。此云天主持來。二毘醯勒。三菴摩勒。即嶺南餘甘子。形似檳榔。食之除風。四末粟者。即胡椒。五畢茇利。即蒟醬。

四分隨機羯磨云有渴病因緣許受非時漿。謂果漿蜜漿等澄如水色。以水渧淨受之。　有風熱病因緣。許受五種七日藥。　有諸病因緣聽受盡形壽藥。謂一切鹹苦酸辛不任食者。如薑椒之類。乃至白朮散丸湯膏之類。　若非時漿。不得留至明日。　若七日藥。不得畜至八日。

南海寄歸內法傳云。牙中食在舌上膩存。未將淨水重漱已來。涎唾必須外棄。若日時過更犯非時。

文　一往傳來。以前展轉食並別衆食戒中開緣言

是非時食戒聽許。然前戒雖開亦在日中。過午任

噉。訛之又訛。慨今久染邪風。急難除蕩。有云師命

令開。究詰無典可據。有云叅學應須。佛世尙無烟

廚。況今叢林與夫蘭若。早則小飡。晚則茶水。備足

倍於聖世。精修焉及先賢。不特西域釋子定日晷

以奉行。卽此方古德淨齋法者尤多實行芳規。俱

載傳記。願蹈先蹤。開發後學。又若云晚食稱爲藥

石者。斯非法王永久之軌。凡聖同遵。莫過古人一時之權。勿依恒用。今附辯於此。明知非有據。言是無濫。

第三十八殘宿食戒

若比丘殘宿食而食者。波逸提。根本部云食曾經觸食者墮罪

緣起佛在羅閱城。靈鷲山中。時尊者迦羅亦在此住。常坐禪思惟。時到入城乞食易得。作如是念。我何為日日入城乞食疲苦。寧可食先得者。後得食當持還。即如所念。時諸比丘於小食大食上不見

迦羅。疑是命終。若遠行。若罷道。若爲惡獸所害。後見問知其故。白佛結戒。此是遮罪。由非法故。制斯學處。

〔釋義〕律云宿食者。今日受已至明日。一切沙門釋子受大戒者。皆不清淨食。有二種。正食。非正食如上。

〔結罪〕是中犯者。若舉宿食而食。咽咽波逸提。非時過非時食者。七日過七日食者。皆波逸提。盡形壽藥無病因緣而服者。突吉羅。宿作宿想波逸提。宿疑。非宿宿想。非宿疑。皆突吉羅。

此戒具三緣方成本罪。一殘食共宿二殘宿食想。三復食入咽。

〔兼制〕比丘尼波逸提（同制）（同學）式叉摩那。沙彌。沙彌尼突吉羅。是爲犯。

〔隨開〕不犯者。宿受食有餘與父母。與壇作人與作房舍人計價。若鉢有孔罅食入中。如法洗餘不出。及最初未制戒等。是爲不犯。

〔會採〕十誦律云。大比丘未手受而共宿者。名曰內宿。噉者突吉羅。　若已手受舉共宿者。名殘宿食。噉者波逸提。　先自取果後。從淨人受而食。突吉羅。　有二種觸食無罪。一淸淨比丘誤觸。二破戒比丘無慚愧觸。　天食過中可受。可七日受。

根本尼陀那云。所餘餅果持與求寂。明旦還得食之。若有希望心。與時惡作。　食時犯墮。　若總無希望心不犯。

目得迦云。若病者貧。設是殘觸酥油服之無犯。

苾芻行路令求寂持路糧。亦得爲其擎舉擎下。

又諸苾芻道行應持糧者。既無俗人又無求寂。應勸施主。施主亦無應自持去。後見俗人共換而食。換處亦無。分爲兩分告俗人曰。汝取一分彼既入手。應告彼曰汝取我食。我取汝分。換易而食。此復難求。於第一日應須絕食。明日如有授人。受取而食。若無授者。自取一彪拳許食之。至第三日還無授者。食二彪拳。至第四日復無授人。隨情自取飽食無犯。於後路糧罄盡。見有熟果墮地。應取作淨受已而食。若淨人難得者授已應食。授者亦無應可自取。作北洲想而食。樹上果熟未落地者。應自上樹搖振令墮。自取而食。如上開者。並爲難緣。若無難時。悉皆制斷。

善見律云。若多比丘共行。唯一小沙彌。比丘各自擔糧。至食時各自分分沙彌。得分已。語比丘言。今持沙彌分與大德。易得已。復與第二座。易展轉乃至衆多。食皆無罪。若沙彌不解法者。比丘自持食分與沙彌。展轉易得食不犯。

此戒大乘同學。

第三十九自取食戒

若比丘不受食。若藥著口中。除水及楊枝。波逸提。

【緣起】此戒有二制。佛在舍衛國。給孤獨園。有一比丘常乞食著糞掃衣。時城中諸居士爲命過父母及兄弟姊妹夫婦男女。於四衢道頭。或門下或河邊。乃至樹下廟中作飮食祭祀供養。彼比丘自取食之。居士譏嫌。有少欲者聞知白佛。此初結戒也。時諸比丘於中生疑。不敢自取楊枝淨水。佛言除水及楊枝不犯。故有第二結戒也。此是遮罪。因其非法。制斯學處。

【釋義】文分二節。不受下。明其創制。除水等。明其隨開。律云受者。有五種受。手與手受。或手與持物受。或持物與持物受。或持物與手受。或遙過物與。與者受者俱知中無觸礙。得墮手中。復有五種受。身與身受。衣與衣受。曲肘與曲肘受。器與器受。或有因緣置地與。根本律云佛作念言凡諸苾芻由不受食有此過生是故我今敕諸苾芻受取應食令他證知故如佛所教受取而食藥者。酥油生酥蜜石蜜楊枝者。第四分云佛言應嚼楊枝不嚼有五過一口臭氣二不別味三增益熱陰四不引食五眼

不明嚼楊枝有五利益反上可知楊枝極長者聽一磔手極短者聽長四指不應在多人處溫室食堂經行堂嚼應在屏處

結罪是中犯者。若不受食自取著口中。咽咽波逸提。　非時藥過非時食者。　七日藥過七日食者。皆波逸提。　盡形壽藥。無因緣不受而食突吉羅。不受不受想。波逸提。　不受疑。　受不受想。　若受有疑。皆突吉羅。　此戒具三緣方成本罪。一是未受之食。二作未受想。三自取而咽咽已。

兼制比丘尼波逸提。同制同學式叉摩那。沙彌。沙彌尼突吉羅。是爲犯。

隨開 不犯者。若乞食比丘風吹鳥啣食墮鉢中。除去乃至一指爪餘者食。及最初未制戒等。是爲不犯。

會採 五分律云。聽嘗食知鹹淡。但不得咽。 聽從天龍鬼獼猴受食。以施主語受食。 不得受擲食。

四分遙過聽受爲有因緣五分擲食不聽由其輕慢其事是同開遮之緣有異也

薩婆多論云。凡受食者。一爲斷竊盜因緣故。二爲作證明故。從非人受食得成受食。不成證明。所以非人畜生邊受食者。曠絕無人授食。是故聽之。若在人中非人畜生及無智小兒。一切不聽也。

根本目得伽云。正受食時未及得。遂使墮地。應更受食。授者若無。應自取。已除去多分可食之。

此戒大乘同學

【引證】薩婆多論云。昔有一比丘與外道同行至一樹下。樹上有果。外道語比丘言上樹取果。比丘報言。我比丘法樹過人不應上。又言搖樹取果報言我法不得搖樹落果。外道上樹取果。擲地與之語取果食。報言我法不得不受而食。外道生信敬心。知佛法清淨。卽隨比丘於佛法中出家受具。尋得漏盡。

附考內法傳云。梵語憚哆家瑟詑。憚哆譯之爲齒。家瑟詑卽是其木。豈容不識齒木。名作楊枝。西國柳樹全稀。譯者輒傳斯號。佛齒木樹實非楊枝。那爛陀寺目自親覩。然五天法。俗嚼齒木自是恒事。三歲童子咸卽教爲。近山莊者。則柞條葛蔓爲先。處平疇者。乃楮桃槐柳隨意。或可大木破用。或可小條截爲聖教俗流。俱通利益。

第四十無病索美食戒

若比丘得美飲食乳酪魚及肉。若比丘如此美食無病自爲己索者。波逸提。

緣起此戒有二制。佛在舍衛國。給孤獨園。跋難陀有一商主爲檀越。詣彼家索雜食。商主問言。今有何患乃思此食。報言無所患苦。但意欲得雜食耳。商主譏嫌。有乞食比丘聞知白佛。此初結戒也。時諸病比丘皆畏愼不敢乞。不敢爲病比丘乞。得已不敢食。佛咸聽許。此第二結戒也。由生譏嫌。制斯學處。

（釋義）律云美食者。乳酪魚肉。乳酪是飲魚肉是食病者。乃至一坐間不堪食竟。

（結罪）是中犯者。若無病自爲身乞如此美食食。咽咽波逸提。　此戒具三緣方成本罪。一是美好雜食。二無病自求。三入口吞咽。

（兼制）比丘尼突吉羅。同制別學按尼律此犯可訶法式叉摩那沙彌。沙彌沙彌尼突吉羅。是爲犯。

〔隨開〕不犯者。病人自乞。爲病人乞。乞得而食。或己爲他。他爲己。若不乞而得。及最初未制戒等。是爲不犯。

〔會採〕十誦律云。索得波逸提。不得突吉羅。根本律云。無病時乞。無病而食。乞時惡作。食便墮罪。無病時乞。有病而食。乞時惡作。食時無犯。有病時乞。無病而食。乞時無犯。食時墮罪。有病乞。有病食。無犯。若乞食時。他持飯出。欲須餘者。勿受其飯。默然而住。彼問曰。尊者欲何所須。作此言時。是表其隨情所欲。若須者卽可隨覓無犯。又施主見苾芻時語言有所須者。隨意當索。苾芻隨覓何物無犯。

此戒大乘有病。亦不得食魚肉。若食者罪結輕垢。

毘尼止持會集第卷十　終

音義

無住處村　時拘薩羅國有一村無僧伽藍及停留之舍有居士爲福德故造立住處備諸飲食供給往來衆僧唯施一食不能多供因以福德施設故餘律皆名福德舍

沙毙婆羅門　未見翻譯餘律多云阿耆達婆羅門

維那　梵語羯磨陀那此翻知事亦翻悅衆維那二字

華梵雙舉維是綱維華言也那是梵語畧去羯磨陀三字 偭 音麵背也偭規矩而改錯

揣食 揣吹上聲卽搏食亦名段食有形段故

觸食 前六識相應之觸心所對前境生喜樂如觀劇戲終日不食而自飽等又涼煖諸觸能滋養身

思食 第六識相應之思心所於可意境而生希望意思資潤諸根增長又思想飲食令人不死如小兒覩梁上懸囊及望梅止渴等

識食 第八識執持之相由前三食勢分所資令此識增勝能持諸根大種故又第七識執第八識爲自內我此是三界衆生因名之爲食若入滅受想定令第七識染分心心所滅不復執第八識爲我便於三界不得久住故知識是食也 若約六道分別者人畜具四食段食顯勝鬼神欲天除段食則具三食觸食顯勝禪天除段觸二食則具二食思食顯勝無想四空并無間獄除段觸思三食唯依識食而住

唼 色洽切彡入聲唼唼水鳥聚食貌

穳 音纘與鑽同矛戟柄底銳者

哯出 音衍

不顧而吐也說文云不嘔而吐也　貪餮音鐵貪也貪財曰饕貪食曰餮　嗜食音示欲也好也　圊音清溷也廁也至穢之處宜常修治使淨潔也　蒟音舉果也似王瓜蔓生子長大苗爲留藤實似桑椹皮黑肉白食之辛香今嶺南人取其葉合檳榔食之　迦羅此翻黑或云哥羅是尊者已得阿羅漢果　罅鰕去聲裂也　彪補尤切音彪小虎也　柞音昨櫟也枝長葉盛叢生有刺　櫟音歷　詑嗏去聲　荍音喬荍麥也俗作蕎非

毘尼止持會集卷第十一

金陵寶華山宏律沙門讀體集

第四十一與外道食戒

若比丘外道男外道女。自手與食者。波逸提。

(緣起)此戒有二制。世尊將諸弟子從拘薩羅國。遊行至舍衛城。諸檀越供養佛僧大得餅食。佛敕阿難分餅與眾僧。分已。故有餘在。世尊復令以此餅與乞人。彼乞兒眾中。有一裸形外道女顏貌端正。阿難付餅。餅黏相著。謂是一餅與此女人。女得餅已。即問旁人汝得幾餅。如是轉相推問。彼得一者。
遂生疑謗。時會中有一梵志在此食已。便向拘薩
羅國。道逢一篤信相士問從何來。報言從舍衛國。
於禿頭居士邊得食來。復問何者是禿頭居士。報
言沙門瞿曇是。相士言汝是何人。食他食已發此
惡言篤信相士至僧伽藍中。如所聞事語諸比丘。
以此二因緣佛故制云。若比丘與粿形外道若男
若女食者。波逸提。此初結戒也。後諸外道等皆有
怨言。一二外道有過。我曹復有何過而不得食耶。

佛知令置地與。若使人與。更加自手與之語。此第二結戒也。由外道事長物譏嫌。制斯學處。

【釋義】律云外道者。躶形異學人。薩婆多論云除佛五眾出家餘殘出家皆名外道。言躶形者乃據緣起因人而制。準薩婆多則無論躶形非躶形一切外道皆不聽自手與食。自手與者。謂自親手授與致令彼生憍慢而無慚恥也。食者。謂五正食非五正食也。

【結罪】是中犯者。若自手與外道男女食而受者。波逸提。與而不受者。突吉羅。方便欲與而不與還變悔者。一切突吉羅。此戒具三緣方成本罪。

一是外道。二親手與。三彼已受之。

【兼制】比丘尼突吉羅。同制別學按尼本律亦犯波逸提式叉摩那。沙彌。沙彌尼突吉羅。是爲犯。

【隨開】不犯者。若捨著地與。若使人與。若與父母。與塔作人。僧房作人。計作食價與。若勢力强奪。及最初未制戒等。是爲不犯。

根本律云。或欲以食因緣除彼惡見。與亦無犯。此是四攝之一令彼反邪歸正與大乘善權同也

【會採】十誦律云。不犯者。若彼有病。若親里。若求出

家時與。謂於四月羯磨共住試探彼心之時也未受食不應與他。先受已後當與彼。若父母。若繫閉人。急須食人。姙身女人。應正觀多少與之。畜生應與一口。

五分律云若外道來乞。應以己分一摶別著一處。使其自取。不應持僧分與。若乞。乞兒。乞狗。乞鳥。應量己食多少取分。然後減以乞之。不得取分外爲施。若乞謂比丘乞食之時

僧祇律云。若比丘父母兄弟姊妹在外道中出家者。亦不得自手與食。當使淨人與食。

此戒大乘同學。或觀機得與。

【引證】賢愚經云。目連攜福增比丘入海。行次見一大樹多蟲圍唼其身。乃至枝葉無有空處鍼頭許大。叫震動如地獄聲。比丘問目連。目連告曰。是瀨利吒營事比丘。用僧祇物華果飲食送與白衣。受此華報。後墮地獄。唼樹諸蟲卽是得物之人。

【附考】阿含經云。若復有人以父著左肩上。以母著右肩上。至千萬歲。衣被飲食。牀榻臥具。病瘦醫藥。卽於肩上放屎溺。而猶不能得報其恩。

婆沙論云。如經所說。佛告苾芻當知。若有孝子一肩擔父一肩擔母。經於百年處處遊歷。猶非眞實報父母恩。若有孝子能勸父母於佛法僧因果等法。未信者信。信者增長。無淨戒者勸受持戒。有慳貪者勸行惠施。無勝慧者勸修勝慧。令善安住。以自調伏。乃名眞實報父母恩。

第四十二詣餘家不囑授戒

若比丘先受請已前食後食詣餘家不囑授餘比丘。除餘時。波逸提。餘時者。病時。作衣時。施衣時。是謂時。」

（緣起）此戒有六制。佛在舍衞國。給孤獨園。城中有一長者。是跋難陀親友。爲跋難陀故。設食請僧。待跋難陀至乃行飲食。而跋難陀小食時更詣餘家。時垂欲過方來。諸比邱飲食不得飽滿。佛知制云。先受請。小食時至餘家者犯。此初結戒也。復有一大臣是跋難陀知舊。遣使送新果至僧伽藍。待跋難陀分與衆僧。而彼後食已方詣餘家。時過乃還。使衆僧不得食新果。故制先受請。前食後食至餘家者犯。此第二結戒也。又羅閱城中衆僧大有請處。諸比丘皆畏慎。不敢入城受請白佛。佛言聽相囑授入城。此第三結戒也。時病比丘先語檀越家作羹及粥飯。畏慎不敢入城恐犯。故開病時。此第四結戒也。又諸比丘作衣時到。或須大小釜瓶杓等器。皆畏慎不敢入城。故開作衣時。此第五結戒也。又諸比丘施衣時到。或有已得施衣處。或有方當求索。彼畏慎不敢入城。故開施衣時。此第六結戒也。由俗家事過限。廢闕煩惱。制斯學處。

〔釋義〕文分二節。先受請下明其所犯。餘時者下。明其隨開。律云前食者明相出至食時。後食者。從食時至日中。餘比丘者。一界共住也。病者如上。作衣時者。自恣竟無迦絺那衣一月。有迦絺那衣五月。乃至衣上作馬齒一縫是。施衣時者。一月五月亦爾。除此已。餘時勸化作食並施衣也。若比丘囑授欲詣村而中道還。失前囑授。若欲去時當更囑授。若囑授詣村乃更詣餘家。若囑授至白衣家乃更往庫藏處。或聚落邊房。或比丘尼寺。若卽白衣家還出。皆失前囑授。應更囑授而往。

〔結罪〕是中犯者。若先受請已。前食後食詣餘家。不囑授比邱入村者。波逸提。　若一腳在門內一腳在門外。方便莊嚴欲去而不去。一切突吉羅。（莊嚴者謂著衣整儀也）　此戒具三緣方成本罪。一同眾受請而檀越爲已二不囑餘比邱而任意他往。三兩腳出門。

〔兼制〕比邱尼波逸提。（同制同學）式叉摩那。沙彌。沙彌尼突吉羅。是爲犯。

〔隨開〕不犯者。若無比邱不囑授至庫藏。聚落。邊房。

至所囑家。若勢力所持。或命難梵行難。及最初未制戒等。是爲不犯。

會採 薩婆多論云。雖大界內近寺白衣家。不白亦犯墮。所謂以有村來五意故除如作持結衣界中明若白而還晚令僧惱者。突吉羅。

律攝云。若語施主我設不來。應與僧食勿令廢闕。若施主不以此人而爲先首。並無犯。

此戒大乘同學

第四十三食家强坐戒

若比邱在食家中有實强安坐者。波逸提。

〔緣起〕佛在舍衛國。給孤獨園。迦留陀夷本處俗時。同友白衣婦。名齋優婆私。彼此顏貌端正各相繫意。時迦留陀夷著衣持鉢至家就座而坐。時齋優婆私洗浴莊嚴其身。夫主心極愛敬未曾相離。夫主問迦留陀夷。汝須何等。報言須食。即使婦與食。食已坐住不去。夫主云汝向者言須食。已與食竟何以不去耶。齋優婆私現相令其不去。時夫主瞋恚言。我今捨汝出去。隨汝在後欲何所作。諸比邱聞知白佛結戒。由詣他家及婬煩惱制斯學處。乃初篇婬根本種類。

【釋義】律云食者。男以女爲食。女以男爲食。故名食家。寶者。硨磲碼碯珍珠琥珀金銀。强安坐者。謂他不許而自縱已情故名爲强放身就座名爲安坐　按此戒因知他男女有欲意時須交合故强安坐以妨他事令其所欲不得隨意致生恚恨得罪不從有寶得罪而言有寶者或有寶則是夫婦可行欲處故耳

【結罪】是中犯者。若在食家有寶强安坐者。波逸提。

若盲不聾。若聾不盲。若立不坐。盡突吉羅。

此戒具四緣方成本罪。一必欲心染著。二非斷欲食家。三無有知男子。四須有實强坐。

兼制比丘尼波逸提。同制同學式叉摩那。沙彌。沙彌尼突吉羅。是爲犯。

隨開不犯者。若入食家中有寶舒手及戶處坐。若有二比丘爲伴。或有客人在一處不盲不聾。不聾不盲。或從前過不住。或卒病發倒地。或爲勢力所持。或被繫閉。或命難梵行難。及最初未制戒等。是爲不犯。

（會採）十誦律云。若女人受一日戒。男子不受。若男子受一日戒。女人不受。是家中坐突吉羅。若二俱受者不犯。

薩婆多論云。若斷婬家。若受齋家。若自有所尊重人在座。謂和尚阿闍黎父母。若此舍多人出入處。皆不犯。

此戒大乘同學

第四十四食家屏坐戒

若比邱食家中有寶。在屏處坐者。波逸提

緣起佛在舍衞國給孤獨園。迦留陀夷自念言。世尊制戒食家中有寶不應安坐。應在舒手及戶處坐。卽便往彼家在戶扇後坐。與齋優婆私共語。有乞食比丘來至彼家。聞迦留陀夷語聲嫌責言。云何在食家有寶屏處坐。令我等不知爲何所作。白佛結戒。由向俗家爲婬煩惱。制斯學處。乃初篇婬根本種類。

釋義律云。食家如上。寶亦如上。屏處者。若樹牆壁籬障。若衣障及餘物障。

結罪是中犯者。食家中有寶在屏處坐者。波逸提。若盲而不聾。若聾而不盲。若立而不坐。盡突吉羅。此戒具四緣方成本罪。一欲心染著。二食家有寶。三無伴獨入。四屏坐共語。

兼制比丘尼波逸提（同制同學）式叉摩那。沙彌沙彌尼突吉羅。是爲犯。

隨開不犯者。若在食家中有寶坐。舒手得及戶使乞食比丘見。若有二比丘爲伴。若有客在一處不盲不聾。或從前過不住。或卒病倒地。勢力者所持。

或被繫閉。若命難梵行難。及最初未制戒等。是爲
不犯。

此戒大乘同學

第四十五獨與女人坐戒

若比丘獨與女人露地坐。波逸提。

緣起 佛在舍衛國。給孤獨園。亦起自迦畱陀夷往
彼齋優婆私家。在露地共一處坐語。有乞食比丘
來至其家。見已嫌責。白佛結戒。因招譏嫌。制斯學
處。乃初篇婬根本種類。

【釋義】律云女人者有智命根不斷獨者一女人一比丘露地坐者（揀非屏處）

【結罪】是中犯者獨與女人露地共一處坐波逸提若盲不聾　若聾不盲　若立不坐　盡突吉羅此戒具三緣方成本罪一欲心染著二獨無伴侶三露坐共語（此並上二戒犯與不犯皆同今一一詳出者為便初學故）

【兼制】比丘尼波逸提（同制）式叉摩那沙彌沙彌尼（同學）突吉羅是為犯

【隨開】不犯者有二比丘為伴或有識別人在邊不

盲不聾。或從過不住。或卒病倒地。或勢力所持。或繫閉。或命難梵行難。及最初未制戒等。是爲不犯。

【會採】十誦律云。相去一丈坐。波逸提。　相去丈五坐。突吉羅。　過二丈不犯。

律攝云。若與非人女。半擇迦女。及未堪行婬境。若聾騃等。共屏坐時咸得惡作。

此戒大乘同學

第四十六故使他不得食戒

若比丘語餘比丘如是語。大德共至聚落當與食。彼比丘竟不敎與是比丘食。語言汝去。我與汝一處若坐若語不樂。獨坐獨語樂。以此因緣。非餘方便遣去。波逸提。

緣起　佛在舍衛國。給孤獨園。跋難陀與餘比丘共鬪結恨在心。後時語彼比丘言。汝隨我行當與汝食。俱入舍衞城。將至無食處周迴徧行少時。念言彼出城至祇桓中日時已過。卽與彼言未曾有汝是大惡人。今由汝故。并使我不得食。可速去我共汝若坐若語不樂。我獨坐獨語樂。便自至有食家而食。彼比丘出城至寺。日時已過不得食乏極。有少欲比丘聞已嫌責跋難陀。白佛結戒。由伴屬事不忍煩惱。制斯學處。

釋義文分二節。語餘比丘下。明其誑誘。彼比丘竟不教與是比丘食下。結成所犯。律云聚落四種如上。當與汝食者。謂欲惱他故作此誑言以誘戲之也。食者。謂時食非時不得食也。語言汝去者。是驅遣之詞。若坐若語不樂等者。是重彰驅遣令生困惱之義　根本律云坐謂禪思語謂讀誦也　以此因緣非餘者。謂正由嫌恨故使他絕食以生惱為緣非為餘利益事而遣去　方便遣去者。謂假坐語不樂

等方便去之

【結罪】是中犯者。若方便遣去捨見聞處。波逸提。捨見處至聞處。捨聞處至見處。皆突吉羅。方便遣去自捨見聞處。波逸提。捨見處至聞處。捨聞處至見處。皆突吉羅。此戒具四緣方成本罪。一心存舊恨欲使斷食。二人須稟具。三呼作伴往。四時將正午遣離見聞處。

【兼制】比丘尼波逸提。同制同學式叉摩那。沙彌。沙彌尼突吉羅。是為犯。

隨開不犯者。與食遣去。若病。若無威儀人見不喜者語言。汝去我當送食至僧伽藍中。彼若破戒破見破威儀。若眾中所舉。若被擯。若應擯。若見命難淨行難。及最初未制戒等。是為不犯。

會採五分律云。作此惱餘四眾。突吉羅。尼作此惱二眾。波逸提。惱餘三眾。突吉羅。

薩婆多論云。若來未入城門令還者。突吉羅。若入城門令還者。突吉羅。若未入白衣家外門。中門內門。令還者突吉羅。若入內門未至聞處令還者突吉羅。若至聞處令還者。波逸提。

律攝云。若隨醫教爲病令斷食者無犯。

此戒大乘同學

第四十七過受藥戒

若比丘受四月請與藥。無病比丘應受若過受除常請。更請。分請。盡形壽請。波逸提。

緣起　此戒有六制。佛在迦維羅衞國。尼拘律園中。釋種摩訶男請僧供藥。六羣自相謂言。摩訶男供衆僧藥。恭敬上座施與好者。求者亦與。不求亦與。

於我等無恭敬心。惡者施我等。求索猶不見與。況不求而得。我等當詣其家求難得所無之藥。卽往索之。摩訶男報言。若家中有當相與。若無者。當爲詣市求買相給。六羣卽訶彼有愛及以妄語。因是不復供給僧藥。佛知制云。應受四月因緣請與藥。不得過受此初結戒也。時病比丘畏愼不敢過受藥。白佛故。開此第二結戒也。時諸居士常請比丘受藥。皆畏愼不敢受。白佛故開。此第三結戒也。後時摩訶男復作念言。我今不可以一人二人故。斷衆僧藥耶。當更請供給。至僧伽藍中言。願諸大德受我請供藥。諸比丘畏慎不敢受。白佛故開。此第四結戒也。時諸居士請比丘與分藥不敢受。畏慎白佛故開。此第五結戒也。又諸居士請比丘與盡形壽藥。畏慎不敢受。白佛聽受。此第六結戒也。由他施事多求煩惱。制斯學處。

【釋義】文分二節。受四月藥下。明其所犯。除常請等。明其隨開。律云四月者。夏四月。病者。醫所教服藥也。常請者其人作如是言。我常與藥。更請者。斷已後復更請與。不得計前日數、應從斷藥還與日數。分請者。持藥至僧伽藍中分與。盡形壽請者。其人言我常盡形壽與藥。請有四種。或請夜有限齊。藥無限齊。謂彼作夜分齊。不作藥分齊。我與如許夜藥。或請夜有限齊。藥有限齊。謂彼作夜分齊。藥分齊如是言爾許夜與如是藥。此二種請應夏四月受。所言夜者由日以該夜若其夜分未過猶非越限也或請藥有限齊。夜無限齊。謂彼作藥分齊。不作夜分齊。作如是言我與如是藥。或請夜無限齊。藥無限齊。謂彼不作夜分齊、藥分齊。作如是言我請汝與藥。此二種請應隨施時受。

〔結罪〕是中犯者。若過受咽咽波逸提。　此戒具三緣方成本罪。一是請藥。二無開緣。三過受入咽。

〔兼制〕比丘尼波逸提。同制同學式叉摩那。沙彌沙彌尼突吉羅。是爲犯。

〔隨開〕不犯者。如上隨開。及最初未制戒等。是爲不犯。

〔會採〕僧祇律云。或夏四月。冬四月。春四月。檀越請不必定。或四月。或一月。半月。期滿已不得更索。若請前食不得索後食。前謂小食後謂時食若請後食不得索前食。藥及餘物亦爾。　若言盡壽受我四事供養。爾時得隨意索。

十誦律云。索得波逸提。　索不得突吉羅。　索呵黎勒等苦藥。得不得盡突吉羅。

律攝云。四月未竟。請麤食更求好者。得惡作。食便得墮罪。　若好食更索麤者。索得惡作。食時無犯。

善見律云。檀越施藥應作藥用。不得作食。與油乞酥犯突吉羅。

此戒大乘同學。爲衆生故索不犯。

附考五分律云。若人施僧藥。執事比丘應問爲僧聚落中。爲著僧坊內。若言僧聚落中。須時應語我須如是藥。爲我辦勿使乏。若言僧坊內。應白二羯磨差五法比丘。不隨愛恚怖畏癡。知藥知非藥者。作守僧藥人。彼應以新器盛訶梨勒。阿摩勒。鞞醯勒。卑跋羅。乾薑。甘蔗糖。石蜜。若器不漏應盛酥油蜜。應持物結口題上藥名若病比丘須者。應歡喜與。若病者自知須此藥。應自取服。若不知應問醫。若無醫。應問和尚阿闍黎。我如是如是病應服何藥。若二師不知。應取藥再三服。不差復取餘藥服。

第四十八觀軍陣戒

若比丘往觀軍陣。除時因緣。波逸提。

緣起此戒有二制。佛在舍衛國。給孤獨園。波斯匿王征伐反叛。六羣比丘往觀。王言諸尊在此軍中欲何所爲。報言我無所作。來看軍陣。時王聞已心甚不悅。復問今何所至。報言詣舍衛見佛。王寄石蜜一裹奉上世尊。教持己名禮拜問訊。六羣以此因緣禮拜問訊。佛知訶責。此初結戒也。後梨師達。富羅那。二大臣在軍中。渴仰欲見比丘。遣使來請。諸比丘畏愼不敢往白佛。故開除時因緣。此第二結戒也。由觀軍事情亂煩惱。制斯學處。王寄石蜜以奉世尊者乃藉申信敬暗興制緣而爲往觀軍陣之證據也

【釋義】律云陣者。若戲若鬬。根本律云陣有四種一矟刃勢二車轅勢三半月勢四鵬翼勢軍者。有四種軍。一象。二馬。三車。四步。僧祇律云

象軍者四人護象足馬軍者八人護馬足車軍者十六人護車步軍者三十二人執兵杖

〔結罪〕是中犯者。若往觀軍陣從道至道。從道至非道。從非道至道。從高至下。從下至高。而去見者波逸提。　不見者。突吉羅。　若方便莊嚴欲觀而不去者。皆突吉羅。　若比丘先在道行。軍陣後至應下道避。若不避者突吉羅。　此戒具三緣方成本罪。一有心觀看。二無緣故往。三見境明了。

〔兼制〕比丘尼波逸提。同制同學式叉摩那。沙彌。沙彌尼突吉羅。是為犯。

〔隨開〕不犯者。若有事往。若彼請去。或力勢者將去。若先在前行。軍陣後至下道避若水陸道斷賊獸水漲難。若命難梵行難。不下道避。及最初未制戒等。是爲不犯。

〔會採〕僧祇律云。軍來詣精舍。不作意看無罪。作意者越毘尼罪。　下至人口諍看者。越毘尼罪。

根本律云。若見軍時。不應說其好惡。

尼陀那云。有打鬬者。不應往看。若見諍者。急捨而去。

薩婆多論云。若不故往。以行來因緣道由中過不犯。

此戒大乘同制

第四十九軍中過三宿戒

若比丘有因緣。聽至軍中二宿。三宿過者波逸提。

緣起佛在舍衞國。祇桓精舍。六羣比丘有因緣至軍中宿。時諸居士見。自相謂言。我等爲恩愛故在此宿耳。而此沙門復在此爲何耶。有知足比丘聞已。白佛結戒。由觀軍事。及掉亂心招譏煩惱。制斯學處。

【釋義】有因緣者，謂有王臣兵將請喚，或為三寶有所啟白。軍中者。謂軍馬營寨欲戰之處。二宿三宿者，是制其止宿夜分限齊也。過者，謂違越大聖教敕也。

【結罪】是中犯者，若有因緣欲至軍中，得二宿住，至第三宿明相未出時，應離聞處見處，若不離至明相出，波逸提。若離見處至聞處，離聞處至見處，皆突吉羅。　此戒具三緣方成本罪。一是有緣入軍，二必宿至三宿，三明相已出不離見聞。

【兼制】比丘尼波逸提，同制同學。式叉摩那，沙彌沙彌尼突吉羅。是爲犯。

〔隨開〕不犯者。若第三宿明相未出離見聞處。若水陸道斷如上難事。至第三宿明相出不離見聞處。及最初未制戒等。是爲不犯。

〔會採〕律攝云。苾芻有緣受請詣彼。或有衣利引起貪心。而彼軍營或整不整。作整兵心停畱觀察。至第三夜明相出時。便得墮罪。 設方便時。亦惡作罪。

五分律云。雖有因緣若書信得了應遣書信。若須自往。然後往。事訖便還。勿經宿。若不了應一宿。一宿不了應再宿。復不了應三宿。若了不了過三宿。波逸提。不應宿而宿。突吉羅。

此戒大乘同學。或觀機不犯

第五十觀軍事戒

若比丘二宿三宿軍中住。或時觀軍陣鬭戰。若觀遊軍象馬力勢者。波逸提。

緣起　佛在舍衛國。給孤獨園。六羣比丘聞世尊制戒。聽有因緣二宿三宿得在軍中住。彼在軍中住觀軍陣鬭戰。觀諸力人象馬。時六羣中有一人為箭所射。同伴即以衣裹之輿還。諸居士皆譏嫌。有慚愧比丘聞知。白佛結戒。由觀軍事譏嫌煩惱。制斯學處。

【釋義】律云軍者。或王軍。賊軍。居士軍。陣者。四方陣。或圓陣。或半月形陣。或張甄陣。或函相陣。鬭戰者。或戲鬭。或眞實鬭。遊軍者。謂行軍也。力勢者。僧祇律云兩眾相交強弱相傾也

【結罪】是中犯者。若往觀軍陣鬭戰象馬力勢者。從

道至道。從道至非道。從非道至道。從高至下。從下至高。而見者波逸提。往而不見者。突吉羅。方便莊嚴欲往而不往者。一切突吉羅。若比丘先在道行。軍馬後至應避。不避者突吉羅。此戒具三緣方成本罪。如前無異。

兼制　比丘尼波逸提。同制同學式叉摩那。沙彌。沙彌尼突吉羅。是爲犯。

隨開　不犯者。有時因緣若有所白。若請喚。若爲勢力所持。若命難梵行難。若先行軍陣後至下道避。

若水陸道斷。賊盜惡獸水大漲不避道。及最初未制戒等。是爲不犯。

〔會採〕五分律云。觀鳥獸鬬突吉羅。此防心隨境轉正念是以動殺機而亂故制之

此戒大乘同學

第五十一飲酒戒

若比丘飲酒者。波逸提。

〔緣起〕佛在支陀國與千二百五十大比丘俱。尊者娑伽陀爲佛作供養人。時詣辮髮梵志家借宿。梵

志言我不惜可宿爾。但此中有毒龍恐相傷害。娑伽陀言但見聽。或不害我。遂入其家自敷草蓐。結跏趺坐繫念在前。時彼毒龍見已即放火煙。娑伽陀亦放火煙。毒龍恚之復放身火。娑伽陀亦放身火。彼室然似大火。娑伽陀自念言。我寧可滅此龍火不傷龍身。時彼毒龍火光無色。娑伽陀火光轉盛有種種色。其夜降此毒龍盛著鉢中。明日清旦持往梵志所示之。時值拘睒彌主在彼梵志家宿。作如是念。未曾有世尊弟子如是大神力。何況如來。即白娑伽陀言。若世尊來至我國。願見告敕欲一禮敬。爾時世尊將千二百五十弟子遊行至拘睒彌。國王聞知往迎。見已篤信心生頭面禮足。聞法歡喜。顧看衆僧不見娑伽陀。問知尊者與六羣相隨在後。尊者至王亦迎禮聞法。得歡喜已白言何所須欲說之。尊者報言止止。此即爲供養我已。王復白何所須欲。六羣語王言汝知不。比丘衣鉢六物易得。更有與比丘難得者與之。王問何者難得。報言欲須黑酒。次日設供。王出種種甘饍飲食兼與黑酒。尊者飲飽足已。從座起去。於中路爲酒所醉倒地而吐。衆鳥亂鳴。世尊知而故問。阿難具白所由。佛訶云如今不能降伏小蛇。況能降伏大龍。凡飲酒者。有十過失。一者顏色惡。二者少力。三者眼視不明。四者現瞋恚相。五者壞田業資生法。六者增致疾病。七者益鬬訟。八者無名稱。惡名流布。九者智慧減少。十者身壞命終墮三惡道。自今已去以我爲師者。乃至不得以草木頭內入酒中而入口。遂爲結戒。此是遮罪。由乞求事譏嫌煩惱。

制斯學處。

〔釋義〕律云酒者。木酒。米酒。大麥酒。若有餘酒法作酒者是。木酒者。棃汁酒。若以蜜石蜜雜作。甘蔗蒲萄等酒亦如是。有酒色。酒香。酒味。

〔結罪〕是中犯者。若酒。酒煮酒和合若食若飲者。波逸提。若飲甜味酒。突吉羅。若飲酢味酒。突吉羅。若食麴若食酒糟。突吉羅。酒作酒想。波逸提。酒無酒想。波逸提。無酒有酒想。無酒疑。皆突吉羅。此戒具三緣方成本罪。一是能醉人酒。二自身無病。三故飲入咽。

兼制比丘尼波逸提。同制式叉摩那。沙彌。沙彌尼同學突吉羅。是爲犯。

隨開不犯者。若有病餘藥治不差。以酒爲藥。若以酒塗瘡。及最初未制戒等。是爲不犯。

會採十誦律云。飲酢酒。甜酒。若麴。若糟。一切能醉者。咽咽波逸提。若但作酒色無酒香酒味不能醉人。飲者無犯。

律攝云。凡作酒色。酒香。酒味。或闕一闕二能醉人。

皆墮罪。不醉人得惡作。若酒被煎煮飲。不醉人不犯。若酒變成醋不醉人。澄清見面水解爲淨。以羅濾之同非時漿隨意應飲。佛言以我爲師而出家者。不應飲酒。不與他。不貯畜。乃至不以茅頭滴酒置口中。

摩得勒伽云。若以酒煮時藥。非時藥。七日藥。無酒性得服。

善見律云。若酒煮食煮藥。故有酒香味。突吉羅。無酒香味得食。十誦飲酢甜麨糟因醉人結重本律結輕者雖有酒香味不醉人故

與律攝相同

此戒大乘同制

引證　薩婆多論云。若過是罪者。此酒極重。飲之者能作四逆。除破僧逆。以破僧要自稱爲佛故。亦能破一切戒及餘衆惡也。

婆沙論云。若不防護離飲酒戒。則總毀犯諸餘律儀。曾聞有一鄔波索迦稟性仁賢。受持五戒專精不犯。後於一時。家屬大小當爲賓客彼獨不往。留食供之。時至須食鹹味多故。須臾增渴。見一器中有酒如水。爲渴所逼遂取飲之。爾時便犯離飲酒戒。時有鄰雞來入其舍。盜心捕殺烹鬻而噉。於此復犯離殺盜戒。鄰女尋雞來入其舍。復以威力强逼交通。緣此更犯離邪行戒。鄰家憤怒將至官司。時斷事者訊問所以。彼皆拒諱。因斯又犯離誑語戒。如是五戒皆因酒犯。故遮罪中獨制飲酒。又酒令失念增無慚愧。其過深重。故偏制立。準大論飲酒有三十五過失。按律部有三十六失。此律論過失詳列後之音義中

第五十二水中戲戒

若比丘水中嬉戲者。波逸提。

【緣起】佛在舍衛國。祇桓精舍。十七羣比丘在河水中嬉戲。時波斯匿王與末利夫人在樓上見之。王語夫人言。看汝所事者。夫人報王。此諸比丘是年少始出家者。在佛法未久。或是長老癡無所知。爾時夫人卽下樓。遣使問訊世尊。以此因緣白佛。佛為結戒。由王見生譏。制斯學處。

【釋義】律云戲者。放意自恣。嬉者戲也遊也又嬉戲笑也結罪是中犯者。從此岸至彼岸。或順流逆流。或此沒彼出。或以手畫水或水相澆灒乃至以鉢盛水戲。一切波逸提。若酪漿。若清酪漿。若苦酒。若麥汁。器中戲弄者盡突吉羅。此戒具三緣方成本罪。一是水中。二有放逸心。三嬉戲相見。

兼制比丘尼波逸提。同制式叉摩那。沙彌。沙彌尼突吉羅。是爲犯。同學

隨開不犯者。若道路行渡水或從此岸至彼岸。或水中牽材木若竹若簰順流上下。若取石取沙。若

失物沈入水底此沒彼出。或欲學知浮法。擢臂畫水灒水。及最初未制戒等。是爲不犯。

〔會採〕律攝云。若以水灑弄他時。隨滴多少水。咸得墮罪。油等滴他者。得惡作罪。

十誦律云。槃上有水。若坐牀上有水。以指畫之突吉羅。

善見律云。水深沒腳背於中戲。波逸提。若搖船弄水。突吉羅。

五分律云摶雪弄草頭露。突吉羅。

此戒大乘同學

第五十三相擊攊戒

若比丘以指相擊攊者。波逸提。

〔緣起〕佛在舍衛國。給孤獨園。六羣比丘中有一人。擊攊十七羣比丘中一人。乃令命終。諸比丘聞知。白佛結戒。

〔釋義〕律云指者。手十腳十。擊攊者。以指挃其肉令癢而取笑也

律攝云十七羣苾芻中有一人被惱不樂彼等共來愧謝以指擊攊因笑過分遂致於死制斯學處

〔結罪〕是中犯者。若以手腳指相擊攊者。一切波逸

提。　若杖。若戶鑰。若拂柄。及一切餘物相擊攊者。一切突吉羅。　此戒具三緣方成本罪。一前人是僧。二有故戲心。三以指相擊。

〔兼制〕比丘尼波逸提。同制同學式叉摩那。沙彌。沙彌尼突吉羅。是爲犯。

〔隨開〕不犯者。若不故擊攊。若眠觸令覺。若出入行來若掃地誤觸。誤以杖頭觸。及最初未制戒等。是爲不犯。

〔會採〕根本律云。若苾芻以一指頭擊攊者。得一墮罪。乃至五指便得五墮罪。若以拳擊攊。得一墮罪。若以足準手應知。

五分律云。擊攊沙彌乃至畜生。突吉羅。

薩婆多論云。若擊攊比丘尼三。六法人。（卽六罪五人也）法人。（受破僧法）狂心。亂心。病壞心。在家無師僧等人。盡突吉羅。若教人擊攊。皆突吉羅。

摩得勒伽云。若身根壞指挃。突吉羅。

此戒大乘同學

第五十四不受諫戒

若比丘不受諫者。波逸提。

緣起　佛在拘睒彌國。瞿師羅園中。闡陀欲犯戒。諸比丘諫言。汝莫作此意。不應爾。闡陀不從諫。即犯戒。有少欲者聞知嫌責。白佛結戒。由不忍煩惱。制斯學處。

釋義　不受諫者。謂他以良言勸誡。而不忍可。亦不納受也。

結罪　是中犯者。若他遮言莫作是。不應爾。然故作犯根本。不從語突吉羅。　若自知我所作非。然故作犯根本。不從語波逸提。隨犯結其本罪。不從諫得墮。　此戒具三緣方成本罪。一自作非法。二有違諫心。三諫已不納。

兼制比丘尼波逸提（同制同學）式叉摩那。沙彌。沙彌尼突吉羅。是爲犯。

隨開不犯者。無智人來諫。報言汝可問汝師和尚學問誦經。知諫法然後可諫。若諫者當用。若戲笑語。若獨處語。若在夢中。若欲說此乃錯說彼。及最初未制戒等。是爲不犯。

此戒大乘同學

〔附考〕律攝云。若尊人所說不應遮止。有所言教不應違逆。但應嘿然恭敬而住。不嫉不恚除罪惡心。恆爲敬養。

毘尼母經云。不應受五種人諫。一無慚愧。二不廣學。三常覓人過失。四喜鬬諍。五欲捨服還俗。

薩婆多論云。若前所諫者有六種人。一心有愛憎。二鈍根無智。三若少見聞。四爲利養名聞。五爲現法樂但欲自攝。六新出家愛戀妻子。如是六種人諫則有損。若發教諫。出言無補。應反語彼言。但自觀身善不善行。亦不觀他作以不作。若反上六者。則應展轉相諫也。

第五十五恐怖他戒

若比丘恐怖他比丘者。波逸提。

〔緣起〕佛在波羅黎毘國。尊者那迦波羅比丘常侍佛左右。供給所須。諸佛常法若經行時。供養人在經行道頭立。時初夜已過請佛入房。世尊默然。中夜後夜亦爾。彼心自念言。我今寧可恐怖佛令使入房。即反被拘執(毛衣也)作非人恐怖聲。沙門我是鬼。世尊報言。當知此愚人心亦是惡。世尊清旦集僧訶責彼已。爲諸比丘結此戒也。由戲侮事不寂靜煩惱。制斯學處。按涅槃經中是善星比丘反被拘執怖佛疑此是梵語也

〔釋義〕律云恐怖者。若以色聲香味觸法恐怖人。色者。或作象形。馬形。鬼形。鳥獸等形。聲者。或貝聲。鼓聲。象馬等聲。香者。若根香。皮華葉果等香。及諸臭氣。味者。醋甜苦澀鹹辛等味。觸者。若以冷熱輕重。細麤滑澀輭堅等觸。法者。語前人言我夢汝當死。若失衣鉢。若罷道。汝和尚阿闍黎亦爾。若父母病

重。若命終。

〔結罪〕是中犯者。若以色聲香味觸法恐怖人。若說而了了者。波逸提。說不了了。突吉羅。此戒具五緣方成本罪。一人。必是比丘。二作比丘疑想。三舉意恐怖。四作恐怖疑想。五說聽了了。

〔兼制〕比丘尼波逸提。同制同學式叉摩那。沙彌。沙彌尼突吉羅。是為犯。

〔隨開〕不犯者。或闇地坐無燈火。或大小便處若以色等示人。不作恐怖意。若實有是事若見如是相。

或夢中見。若當死。若罷道。若失衣鉢。乃至父母病重當死。應語彼言我見汝如是諸變相事。若戲語。若疾疾語。若獨語。若夢中語。欲說此乃錯說彼。及最初未制戒等。是爲不犯。

〈會採〉律攝云。若以可惡色聲等事令生畏惱。告彼人曰。畢舍遮等欲來殺汝。隨彼苾芻有怖無怖。解其言義。便得墮罪。　若以可怖色聲等事。謂王欲來殺害汝者。得惡作罪。　若於受學人。亦名得戒沙彌即學悔人及於餘人處驚惱。得惡作罪。　若說地獄旁生餓鬼。情存化導。彼雖生怖者無犯。　苾芻苾芻想。　苾芻苾芻疑。皆墮罪。　非苾芻苾芻想。　非苾芻苾芻疑。　苾芻非苾芻想。　苾芻非苾芻疑。皆惡作。　恐怖恐怖想。　恐怖恐怖疑。皆墮罪。　非恐怖恐怖想。　非恐怖恐怖疑。　恐怖非恐怖想。恐怖非恐怖疑。皆惡作罪。

此戒大乘同學。或觀機折伏不犯。

第五十六過洗浴戒

若比邱半月洗浴。無病比邱應受不得過。除餘時波逸提。餘時者。熱時。病時。作時。風雨時。道行時。此是時。

緣起此戒有六制。佛在王舍城。迦蘭陀竹園。摩竭國有池水。瓶沙王聽諸比丘常在中浴。六羣於後夜入浴。時瓶沙王與婇女亦至。聞比丘浴聲便寂默以待之。六羣用種種細末藥更相洗乃至明相出。王竟不得浴。諸大臣皆共譏嫌。故制半月洗浴。此初結戒也。諸比丘盛熱時身體疱痱。畏慎不敢浴白佛。佛聽熱時數數浴。此第二結戒也。又病比丘身垢臭穢。大小便吐汙不淨。畏慎不敢浴白佛。

佛聽病時數數浴。此第三結戒也。又諸比丘作時身體汗垢。畏慎不敢浴白佛。佛聽作時數數浴。此第四結戒也。又諸比丘風雨中行。身體汗出塵坌。畏慎不敢浴白佛。佛聽風雨時數數浴。此第五結戒也。又諸比丘道行身熱炮疿。汗垢塵土。畏慎不敢浴白佛。佛聽道行時數數浴。此第六結戒也。由洗浴事過分煩惱。制斯學處。

【釋義】文分二節。半月洗浴下。明其創制。餘時等。明其隨開。律云熱時者。春四十五日。夏初一月。是謂從三月初一日至四月十五日此一月半是春末四十五日也從四月十六日至五月十五日此一月是夏初一月也此二月半總名爲熱時　薩婆多論云天竺早熱是名天竺熱時如是隨處熱時早晚數取二月半於中浴無犯　病者。下至身臭穢是。作時者。下至掃屋前地是。風雨時者。下至一旋風一滴雨是。道行者。下至半由旬。若來若往是。如是等時若不洗浴身心不安佛慈觀其機時聽開

結罪　是中犯者。除餘時。若過一徧澆身及半澆身。皆波逸提。　若方便莊嚴欲洗浴不去。一切突吉羅。　此戒具三緣方成本罪。一自身無開緣。二有

慢敎心。三故過浴竟。

〔兼制〕比丘尼波逸提。同制同學式叉摩那。沙彌。沙彌尼突吉羅。是爲犯。

〔隨開〕不犯者。半月洗浴。除餘時數數洗浴。若爲勢力所持強使洗浴。及最初未制戒等。是爲不犯。

〔會採〕十誦律云。昨日來今日浴。明日去今日浴。波逸提此約道行時也

五分律云。若洗師及病人身體已濕。因浴不犯。此非自浴所以隨開

僧祇律云。若無上諸時。當作陶家浴法。先洗兩髀兩脚。後洗頭面腰背臂肘胸腋。

此戒大乘同學

附考準方等教中。若禮懺結壇日須洗浴。斯出聖言。不犯過浴。　不應與白衣人共浴。除篤信三寶稱讚出家者。聽同入浴。然今叢林普眾有湯雖非餘時亦無所犯

第五十七露地然火戒

若比丘無病自爲炙身。故在露地然火。若教人然。除時因緣。波逸提。

緣起此戒有三制。佛在曠野城。六羣比丘在上座前不得隨意言語。卽出房在露地取諸柴草然火向。炙時空樹中有一毒蛇。得火氣熱逼從樹孔出。諸比丘皆驚取所燒薪散擲東西。迸火燒佛講堂。此初結戒也。有病比丘畏愼。不敢然火不敎人然。白佛故聽。此第二結戒也。復有欲爲病比丘煮粥若羹飯。若熏鉢染衣。若然燈燒香。皆畏愼不敢作。佛皆聽之。此第三結戒也。因掉戲煩惱。制斯學處。

釋義文分二節。無病下。明其所犯。除餘時。明其隨開。律云病者。若須火炙身。除餘時因緣者。爲病比邱煮粥羹飯。乃至燒香。第四分云向火有五過一令人無顏色二無力三眼闇四令多人鬧集五多說俗事　僧祇律云然火有七事無利益一壞眼二壞色三身羸四衣垢壞五壞牀褥六生犯因七增世俗言論

結罪是中犯者。若在露地然草木枝葉。牛屎糠糞掃麩等。一切波逸提。麩音亦麥麩也　若以火置草木枝葉乃至麩等中然者。一切波逸提。若被燒半者。擲火中者突吉羅。若然炭突吉羅。若不語前人汝看是知是者。突吉羅。此戒具三緣方成本

罪。一是未經火然之露地。二無開緣自然。或非淨語敎他然。三所然是草木糠麮等焰火。

〔兼制〕比丘尼波逸提。同制同學式叉摩那。沙彌。沙彌尼突吉羅。是爲犯。

〔隨開〕不犯者。若語前人言汝看是知是。如上除時因緣。及最初未制戒等。是爲不犯。

〔會採〕五分律云。若爲炙然火。欲高至四指。波逸提。

薩婆多論云。行路盛寒。不犯。

僧祇律云。若旋火作輪。波逸提。　若持炬行欲抖擻不得在未燒地。當在灰上。若瓦上。若炬火自落地。卽在上抖擻不犯。若然髮馬尾毛等。及燒皮餅毒藥。皆越毘尼罪。

根本律云。若故燒林野。得窣吐羅底罪。

此戒大乘同學

毘尼止持會集卷第十一　終

音義

半擇迦　此云變。今生駿涯上聲波斯匿王亦翻和變作不男者。騃癡也。悅亦翻

勝軍　支陀國　或云支提。或云制地。然支提制地本是塔廟之名。卽浮圖別號。義翻爲積集。亦

云聚相今云國名疑是誤也**娑伽陀**或修伽陀亦云娑竭陀又云娑婆揭多此尊者初生時容儀可愛父見歡喜唱言善來故立為名具德經云我聲聞中能具火界神通修伽陀苾芻是**辮髮梵志**辮與編同交也織也列也謂以項髮交列為紒紒同結也**草蓐**音肉薦也以茭蒲為薦席也**拘睒彌主**乃優塡王也**鬻**音主烹也**大論云飲酒有三十五過**一現世財物虛竭何以故飲酒醉亂心無節限用費無度故　二眾病之門　三鬬諍之本　四裸形無恥　五醜名惡露人所不敬　六無復智慧　七應所得物而不得已所得物而散失矣　八伏匿之事盡向人說九種種事業廢不成辦　十醉為愁本何以故醉中多失醒則慚愧憂愁　十一身力轉少　十二身色壞　十三不知敬父　十四不知敬母　十五不敬沙門　十六不敬婆羅門　十七不敬叔伯及尊長何以故醉悶憒惱無所別故　十八不

敬佛　十九不敬法　二十不敬僧　二十一朋
黨惡人　二十二疏遠賢善　二十三作破戒人
　二十四無慚愧　二十五不守六情　二十六
縱色放逸　二十七人所憎惡不喜見　二十八
貴重親屬及諸知識所共擯棄　二十九行不善
法　三十棄捨善法　三十一明人智士所不信
用何以故酒放逸故　三十二遠離涅槃　三十
三種狂癡因　三十四身壞命終墮惡道泥犂中
　三十五若得爲人所生之處常當
狂騃如是種種過失是故不飲酒

按律部飲酒

有三十六失

　一不孝父母　二輕慢尊長朋友
　三不敬三寶　四不信經法　五誹
謗沙門　六訐露人罪　七恆說妄語　八誣人
惡事　九傳言兩舌　十惡口傷人　十一生病
之根　十二鬬諍之本　十三惡名流布　十四
人所憎嫌　十五排斥聖賢　十六怨讟天地
十七廢忘事業　十八破散家財　十九恆無慚
愧　二十不知羞恥　二十一無故捶打奴僕

二十二橫殺衆生　二十三姦犯他妻　二十四偷人財物　二十五疏遠善人　二十六狎近惡人　二十七常懷恚怒　二十八日夜憂愁　二十九牽東引西　三十持南著北　三十一倒溝臥路　三十二墮車墜馬　三十三逢河落水　三十四持燈失火　三十五暑月熱亡　三十六寒天凍死

末利夫人 或云摩利此云鬘末利者花名也其花黃金色故翻云黃色此花堪作鬘故翻爲鬘也然此夫人本守末利園善結花鬘又因末利園中將來故名末利　增一阿含經云我聲聞中第一得證優婆斯篤信堅固所謂末利夫人是

澆灒 灒音贊汚灑也

簰 音牌大栰也今編竹木以水運爲簰泰人謂之筏也

知浮法 根本律云苾芻應習浮恐有難緣不能浮渡

六罪人 謂犯四重破和合僧出佛身血

波羅梨毘國 未詳翻譯

那迦羅 或云那伽波羅此翻龍護亦云象護此比丘現生亦證浮法　增一阿含經云我聲聞中

第一比丘曉了星宿預知吉凶所謂那伽波羅比丘是也畢舍遮亦云毘舍遮又云毘舍支此啖精氣噉人及五穀之精氣乃顛鬼也

毘尼止持會集卷第十二

金陵寶華山宏律沙門讀體集

第五十八藏他物戒

若比邱藏他比邱衣鉢坐具鍼筒。若自藏教人藏。下至戲笑者。波逸提。

緣起 佛在舍衛國。給孤獨園。有居士請僧明日食。夜辦供已。明日淸旦往白時至。爾時十七羣持衣鉢坐具鍼筒著一面。經行彷徉望食時到。六羣伺彼背向時。取而藏之。時到尋覓不得。見六羣在前調弄。餘比丘察知嫌責。白佛結戒。由調戲事不寂靜煩惱。制斯學處。乃初篇盜根本種類。

【釋義】藏者。（密舉也）衣者。（三衣及餘衣也）鉢者。（鐵瓦二種應量之器）坐具者。（敷以坐臥）鍼筒者。（貯鍼之器此等皆是比丘要用隨身之六物也）下至戲笑者。（若故令他生惱而藏或戲弄取笑而藏）

【結罪】是中犯者。若自藏若教人藏。下至戲笑者。波逸提。　此戒具三緣方成本罪。一調弄心藏。二須是比丘六物。三彼人尋覓不獲。

【兼制】比丘尼波逸提。（同制同學）式叉摩那。沙彌。沙彌尼突吉羅。是爲犯。

【隨開】不犯者。若實知彼人物相體悉而取舉。若在露地爲風雨所飄漬取舉。若物主爲人性慢狠藉六物。爲欲戒敕彼故而舉之。若借衣著而彼不收攝。恐失便舉之。或以此衣鉢諸物故。有命難梵行難。及最初未制戒等。是爲不犯。

【會採】五分律云。藏餘四衆乃至畜生物。突吉羅。尼藏二衆物。波逸提。　藏餘三衆物。皆突吉羅。十誦律云。彼若覓得。突吉羅。　覓不得波逸提。

若藏空鍼筒覓不得。突吉羅。不合畜律攝云。但是沙門合畜之物藏。得墮罪。不合畜者。得惡作。若犯捨墮物及不淨三衣。減量衣。授學人物。外道婆羅門等物。輒藏舉者。咸得惡作。根本律云。若苾芻寄與餘苾芻。彼但藏自衣。不藏他衣。被賊盜去不犯。

此戒大乘同學

第五十九輒著淨施衣戒

若比丘與比丘。比丘尼。或叉摩那。沙彌。沙彌尼衣後不語主還取著。波逸提。

緣起佛在舍衛國。給孤獨園。六羣眞實施親厚比邱衣已。後不語主還取著。諸比邱聞。有少欲慚愧者嫌責。白佛結戒。由衣事及廢闕煩惱。制斯學處。乃初篇盜根本種類。

釋義文分二節。與比邱下。明施衣有主。後不語下。結成所犯。律云。衣有十種如上。與衣者。淨施衣有二種。一者眞實淨施。言此是我長衣未作淨。今爲淨故與長老。作眞實淨。二者。展轉淨施。展轉淨施法於作持

中明此中約眞實淨施制也

結罪　是中犯者。若眞實施衣。不語主而取著者。波逸提。　此戒具三緣方成本罪。一是眞實淨。二不語主知。三私取輒用。

兼制　比丘尼波逸提。同制同學式叉摩那。沙彌。沙彌尼突吉羅。是爲犯。

隨開　不犯者。若眞實淨施語主取著。展轉淨施語以不語隨意取著。及最初未制戒等。是爲不犯。

此戒大乘同學

第六十衣不壞色戒

若比丘得新衣應三種壞色。一一色中隨意壞。若青。若黑。若木蘭。若不壞色著餘新衣。波逸提。

【緣起】佛在舍衛國。給孤獨園。六羣比丘著白色衣時。諸居士見共皆譏嫌。謂如似王大臣。有慚愧比丘聞知。白佛結戒。由衣服事譏嫌煩惱。制斯學處。

【釋義】文分二節。得新衣下。明其正制。若不壞下。結成所犯。律云。衣有十種如上。新者。若是新衣。若初從人得者。盡名新衣。若青者。非大深青及純青也亦要壞其正青之色若黑者。謂是泥染然亦不聽用純烏泥皂以類外道故宜兼赤土樹皮染之可也若木蘭者。木蘭樹名也亦名林蘭其染衣色赤又云紫淡色非正赤色也

結罪是中犯者。若得新衣不染作三種色著者。波逸提。若得重衣。若得輕衣。不作淨而畜者。盡突吉羅。若非衣。鉢囊。革屣囊。鍼線囊。禪帶腰帶帽襪巾等。不作淨畜者。一切突吉羅。此謂非說淨是百一中數應點作淨也若以未染衣寄白衣家。突吉羅。此戒具三緣方成本罪。一是純白及正上色衣。二不以三種色染壞。亦不點淨而畜。三作三衣中數於現處著

用。

兼制　比丘尼波逸提。同制同學式叉摩那。沙彌。沙彌尼突吉羅。是爲犯。

隨開　不犯者。不違上制。若衣色脫更染。及最初未制戒等是爲不犯。

會採　十誦律云。若得青衣應泥茜淨。泥即黑色也茜音倩染絳之草也得泥衣應青茜淨。得茜衣應青泥淨。得黃衣。赤衣。白衣。應青泥茜三種淨。

五分律云。應三種色作誌。若不作誌。著著波逸提。

若不著。徆徆波逸提。

律攝云。下至拭鉢巾。拂足巾。鉢囊腰絛等。咸須壞色點淨而畜。

薩婆多論云。除三衣。餘一切衣但作三點淨著無過。　若非純青。淺青及碧作點淨。得作衣裏。舍勒。外不現相得著。舍勒此云內衣似短裙也　若作現處衣盡不得著。赤黃白色。色不純大者亦如是。　除富羅革屣。餘一切衣臥具等盡應三點淨著。不點淨著用皆墮罪。　若如法色衣。以五大色作點淨者惡作。

除五大色。有純黃。藍。鬱金。青。黛。及一切青亦不得著。若黃赤白。雖三點淨著亦惡作。

僧祇律云。作淨時極大齊四指。極小如豌豆。或一或三或五或七或九。不得如華形。若得多雜碎新物。合補一處者。一處作淨。各各補者。一一作淨。若作新衣。趣一角作淨。若一條半條補者。亦作淨。

此戒大乘同學

第六十一殺生命戒

若比丘故殺畜生命者。波逸提。

〔緣起〕此戒有二制。佛在舍衛國。祇園精舍。迦留陀夷不喜見烏。作竹弓射之時諸居士來入園中禮拜佛僧。見已譏嫌云。沙門釋子不知慚愧。無有慈心。諸比丘聞之啟白世尊。此初結戒也。佛結戒已。時諸比丘坐起行來多殺細小蟲。其中或有作波逸提懺者。或有畏慎者。佛言不知不犯。更加故殺之語。復爲僧第二結戒也。此是性罪。由生命事無悲煩惱。制斯學處。乃初篇殺根本種類。

釋義律云。畜生者。不能變化者。殺者。謂斷其命。若自斷。若教人斷。乃至毒藥安殺具等。殺言故者。謂有心害物。非無意錯誤也。廣如初篇殺波羅夷中所釋。

結罪是中犯者。若故有殺心殺者。波逸提。方便殺而不死。突吉羅。此戒具四緣方成本罪。一有殺心。二是畜生。三畜生想。四必令命斷。

兼制比丘尼波逸提。同制。式叉摩那。沙彌。沙彌尼同學。突吉羅。是爲犯。

隨開不犯者。不故殺。或以瓦石刀杖擲餘處而誤斷命。若比邱經營作房舍。手失瓦石而誤殺。若土墼杖木若屋柱椽。如是手不禁墮而殺者。若扶病起臥出入房時。一切無有害心而死。及最初未制戒等。是為不犯。

會採五分律云。畜生者。除龍。餘畜生是。龍雖是畜而能變化具神力守護國土保綏正法其功用與諸天相類故所殺龍者犯偷蘭遮本律亦云不能變化者義皆同此故爾除之

根本律云。若苾芻作殺害心。乃至以一指損害旁生因此命終者。得墮罪。或當時不死。後時因此

死者。亦得墮罪。　若後時不死者。得惡作罪。
律攝云。若使癲狂者行殺害時。彼雖無犯。教者本罪。　旁生旁生想。墮罪。　旁生疑。　旁生非旁生想。　非旁生旁生想。　非旁生疑。皆得惡作罪。
薩婆多摩得勒伽云。欲斫藤誤斫蛇不犯。　欲斫蛇誤斫藤惡作。　欲殺此蟲而誤殺彼蟲。　欲斫蟲而斫地。　欲搦蟲而搦土。皆得惡作罪。
此戒大乘同制。菩薩以護衆生。凡有命者。一切不得殺。殺者犯重。

附考律攝云。若守房廊。鳥雀棲宿爲喧鬧者。應使人檢察。巢無兒卵應卽除棄。有者待去方除。　若有蜂窠無兒應除。有者以線縷纏之。便不增長。

大論云。好殺之人。有命之屬皆不喜見。若不好殺。一切衆生皆樂依附。故持戒之人命欲終時。其心安樂無疑無悔。若生天上若在人中常得長壽。是爲得道因緣乃至得佛住壽無量。殺生之人。今世後世受種種身心苦痛。不殺之人無此衆苦。是則殺他還是自殺。其有智者。肯自殺乎。

第六十二飲用蟲水戒

若比丘知水有蟲飲用。波逸提。

（緣起）此戒有二制。佛在舍衞國。給孤獨園。六羣比丘取雜蟲水而飲用。諸居士見已譏嫌有少欲比丘聞知白佛。此初結戒也。爾時諸比丘不知有蟲無蟲。後乃知。或作波逸提懺者。或有畏愼者。佛言不知不犯。故更加知水有蟲。復爲僧第二結戒也。

此是性罪。由受用水時害眾生命。制斯學處。乃初篇殺根本種類。

〔釋義〕知者。或自知。或他告。水有蟲者。蟲有二種。一謂纔觀即見。二謂羅濾方見。水謂一切河池泉井溝瀆等水。用水有二。一內受用。謂是內身所有受用。洗浴飲噉嚼齒木。或洗手足。此乃內用。二外受用。如前第十九戒中所明。此準根本律釋之

〔結罪〕是中犯者。知是雜蟲水飲用者。及飲用雜蟲漿醋等。波逸提。

有蟲水有蟲水想。波逸提。　有蟲水疑。　無蟲水有蟲想。　無蟲水疑。皆突吉羅。　此戒具四緣方

成本罪。一是雜蟲水。二有蟲想。三不觀漉。四飲用入咽。

兼制 比丘尼波逸提。同制同學式叉摩那。沙彌。沙彌尼突吉羅。是爲犯。

隨開 不犯者。若先不知有蟲無蟲想。若麤蟲觸水使去。若漉水飲者。及最初未制戒等。是爲不犯。

此戒大乘同制

引證 僧祇律云。波羅脂國有二比丘共伴。來詣舍衞國問訊世尊。中路渴乏無水。前到一井。一比丘汲水便飲。一比丘看水見蟲不飲。飲水比丘問言。汝何不飲。答言世尊制戒不得飲蟲水故。彼復勸言。長老但飲。勿令渴死不得見佛。答言我寧喪身不毀佛戒。遂便渴死。飲水比丘漸到佛所。佛問汝從何來。又問汝有伴不。彼即具以事答。佛言癡人汝不見我。謂得見我。彼死比丘已先見我。十誦律云彼持戒者不飲便死即生三十三天得天身具足先到佛所禮佛聞法得法眼淨受三皈依故曰已先見我也根本律中其事亦同若比丘放逸懈怠不攝諸根。雖共我一處彼離我遠。彼雖見我我不見彼。若有比丘在海彼岸能不放逸。精進不怠斂攝諸根。雖去我遠我常見彼。彼常近我。此約界論也若約世論則放逸之人雖生聖世不異末法不放逸者雖生末世不異正法佛身眞常本無出世及與滅度願深信智者莫起像法法滅盡想而自委棄誓當精進不懈善攝諸根嚴淨毘尼勿輕小過常如面奉慈顏親承明誨修持不已當見靈山一會儼然未散也

附考僧祇律云。蟲者。非魚鼈等。謂小小倒子諸蟲乃至極微細形。眼所見者。不應以天眼看。亦不得使闇眼人看。下至能見掌中細文者。得使看水。不得太速太久。當如大象一迴頭。若水中蟲極細不

得就用洗手面。及大小行。孑音結餘也說文云人無右臂今取義謂此蟲乃無足而倒行者

律攝云。有五種眼不應觀水。一患瘡眼。二睛翳眼。三狂亂眼。四老病眼。五天眼。齊幾許時應觀水。謂六牛車迴轉頃。若順河流一度觀水無蟲。齊一拘羅舍隨意飲用。然須中間無別河入。一拘羅舍謂五里也或云二里若下流水及逆流河一度觀時。齊一尋內得用。八尺為一尋也有五種淨水。一僧伽淨。二別人淨。三漉羅淨。四涌泉淨。五井水淨。若知彼人是持戒者。

存護生命。縱不觀察得彼水時。飲用無犯。凡一切
觀水始從日出。迄至明相未出。咸隨受用。　應知
漉物有其五種。一謂方羅。二謂法瓶。三謂君持。四
謂酌羅。五謂衣角。
第四分云。不應無漉水囊行乃至半由旬。若無應
以僧伽梨角漉水。
五分律云。亦聽畜漉水筒。用銅鐵竹木瓦石作之。
以細衣縵口。不聽用糞掃衣。
根本雜事云。以絹繫君持口。細繩繫項。沉放水中

攎頭半出。口若全沉水則難入待滿引出。仍須察蟲。但是綽口瓶瓨無問大小以絹縵口。隨時取水。極是省事。綽昌入聲寬也瓨與缸同

緇門警訓漉囊致意云。出家之人修慈爲本。慈名與樂。無殺爲先。物類雖微。保命無異。此乃行慈之具。濟物之緣。大行由是而生。至道因茲而尅。所以大將梨師達多及富羅那受居家五禁凡奉王命征討時弓稍恆掛漉水囊況僧慈護豈容之之

第六十三故惱他戒

若比丘故惱他比丘。令須臾間不樂。波逸提。

〔緣起〕此戒有二制。佛在舍衞國。給孤獨園。時十七羣比丘往問六羣。長老云何入初禪第二第三第四禪。云何入空無相無願。云何得須陀洹果。斯陀含果。阿那含果。阿羅漢果耶。六羣報言。如汝等所說者。則已犯波羅夷法非比丘。十七羣便往上座比丘所問言。若有諸比丘作如是問。云何入初禪乃至得阿羅漢果爲犯何罪。上座報言無犯。即察知此六羣與十七羣作疑惱。往白世尊。此初結戒也。如是結戒已。時諸比丘集在一處共論法律。有一比丘退去。而心有疑。作是言。彼諸比丘與我作疑。諸比丘白佛。佛言。不故作者無犯。此第二結戒也。由戲弄事。掉舉煩惱。制斯學處。按根本律。烏陀夷苾芻見十七羣受近圓已。作惱亂心而告之曰。汝等雖蒙作法。實不得戒。何用勞心更求學業。故制

〔釋義〕律云。疑惱者。若爲生。若爲年歲。若受戒。若爲羯磨。若爲犯。若爲法也。爲生時疑者。問言。汝生來幾時耶。報言。我生來爾所時。語言。汝不爾所時生。汝如餘人生。非爾所時生。是謂問生時疑。問年歲時疑者。問言。汝幾歲。報言。我爾所歲。語言。汝非

爾所歲。如餘受戒者。汝未爾所歲。是謂問年歲時生疑。　問受戒生疑者。問言汝受戒既年不滿二十。叉界內別眾。是謂問受戒時生疑。　問羯磨時生疑者。問言汝受戒時白不成。羯磨不成。非法別眾。是謂問羯磨生疑。　於犯生疑者。語言汝犯波羅夷。僧伽婆尸沙。波逸提。波羅提提舍尼。偷蘭遮。突吉羅。惡說。是謂於犯生疑。　於法生疑者。汝等所問法者。則犯波羅夷非比丘。是謂於法生疑。令須臾間不樂者。三十須臾為一晝夜。謂令他少時間情不安隱也

〔結罪〕是中犯者。若比丘故爲比丘作疑。若以生時。若爲年歲。乃至法時疑。說而了了者。波逸提。說而不了了者。突吉羅。　此戒具三緣方成本罪。一前人是比丘。二故有疑惱心。三說聽了了。

〔兼制〕比丘尼波逸提。同制 式叉摩那。沙彌。沙彌尼同學 突吉羅。是爲犯。

〔隨開〕不犯者。其事實爾不故作惱。或戲笑語。或疾疾語。或獨語。或夢中語。或欲說此錯說彼。及最初未制戒等。是爲不犯。

〔會採〕僧祇律云。若有人來欲受具足戒。若滿二十與受具足。若不滿者語言。且住待滿。若彼便於彼處受具足來。不得語疑悔。語者越毘尼罪。　若諸根不具及病亦爾。（此上二句謂總攝百遮等人是也）

五分律云。令餘四眾疑悔。突吉羅。　尼令二眾疑悔。波逸提。　令餘三眾疑悔。突吉羅。

薩婆多論云。若更以餘事欲令疑悔故。語者突吉羅。所謂語比丘言汝多眠。多食。多語等。　是人非比丘。非沙門。非釋子。令疑悔者突吉羅。

此戒大乘同學

第六十四覆他麤罪戒

若比丘知他比丘犯麤罪覆藏者。波逸提。

〔緣起〕此戒有二制。佛在舍衛國。給孤獨園。跋難陀數犯罪向一親厚比丘說之。囑令勿語人。後二人共鬪。彼比丘卽向餘比丘說其所犯。餘比丘聞知白佛。此初結戒也。時有比丘聞佛結戒已。不知犯麤不犯麤。後乃知麤罪。或作波逸提懺者。或有疑者。佛言不知無犯。復更與結戒也。此是性罪。由舊伴屬事覆藏煩惱。制斯學處。

釋義 律云麤罪者。四波羅夷。十三僧殘。覆藏者。謂掩蔽其過而不說也　薩婆多論云覆藏罪令佛法不清淨長養惡法故

結罪 是中犯者。小食知食後說。　食後知至初夜說。　初夜知至中夜說。盡突吉羅。　中夜知至後夜欲說而未說。明相出時波逸提。　除麤罪。覆餘罪者突吉羅。　自覆藏麤罪。突吉羅。　此是經夜展轉名從生小罪也　除比丘比丘尼。覆餘人麤罪。突吉羅。餘人謂出家下三眾及居家受戒者二眾

麤罪麤罪想。波逸提。　麤罪疑。　非麤罪麤罪想。非麤罪疑。盡突吉羅。　此戒具四緣方成本罪。一是受具戒人。二所犯是麤罪。三麤罪想為他人覆。四覆經明相已出。

〔兼制〕比丘尼波逸提。同制同學式叉摩那。沙彌。沙彌尼突吉羅。是為犯。問準尼律比丘尼覆藏他尼棄罪犯波羅夷此定波逸提二義何從答少有差別若尼覆他尼行婬一事得重餘戒從輕故爾結墮

〔隨開〕不犯者。先不知麤罪不麤罪想。若向人說。或無人可向說。發心言我當說。未說之間明相已出。

若說或有命難梵行難不說。及最初未制戒等。是為不犯。

〔會採〕薩婆多論云。覆他麤罪有三種。一覆他四棄僧殘。得墮罪。二覆出佛身血壞僧倫。得對首偷蘭遮。三覆下三篇。得突吉羅。

十誦律云。見他犯罪向一人說便止。若聞若疑不須說。

僧祇律云。不得趣向人說。當向善比丘說。若彼罪比丘兇暴。或依王力大臣力。起奪命因緣傷梵行者。應作是念。彼罪行業。必自有報。彼自應知。喻如失火。但自救身。焉知餘事。斯則無罪。

根本律云。恐與爲障礙之事。或緣此令僧破壞者。覆皆無犯。

此戒大乘同制。與不教悔罪戒一也。

附考第三分云。內有五法應舉他。以時不以非時。眞實不以不實。有益不以損減。柔輭不以麤獷。慈心不以瞋恚。

第四分云。佛告優波離。身威儀不淸淨。言不淸淨。

命不淸淨。寡聞不知修多羅。寡聞不誦毘尼。言辯不了喩若白羊。是不應舉他。若諸法具足。應以時以法舉他罪。　又復此比丘有愛恭敬於我則應舉罪。或無愛有恭敬。或無恭敬有愛應舉。或雖無恭敬能令捨惡就善應舉。或彼有所重比丘尊敬信樂者。能令捨惡行善應舉。若都無者。僧應都捨置驅棄。語言長老隨汝所去處彼當爲汝作舉。作憶念。作自言。遮出罪。遮說戒。遮自恣。譬如調馬師。惡馬難調卽合韁杙驅棄。如此比丘不應先從其求聽。即此是聽。

薩婆多論云。天眼舉他罪突吉羅。天耳舉亦如是。

第六十五授戒不如法戒

年滿二十應受大戒。若比丘知年不滿二十與受大戒。此人不得戒。彼比丘可訶。癡故。波逸提。

緣起此戒有二制。佛在羅閱城。迦蘭陀竹園。時城中有十七羣童子先爲親友。最大者年十七。最小者年十二。共求出家。諸比丘即度令出家與受大戒。時諸童子小來習樂不堪一食。至於夜半患饑。

高聲大喚啼哭言。與我食來與我食來。諸比丘語言少待須天明。若眾僧有食當與共食。若無食者當共乞。此間都無作食處。佛聞知而故問。阿難具以事白。佛言不應授年未滿二十者大戒。此初結戒也。時彼比丘聞結戒已不知年滿二十不滿二十。後乃知不滿二十。或作波逸提懺者。或有疑者。佛言不知無犯。此第二結戒也。由近圓事攝眾煩惱。制斯學處。

〔釋義〕文分二節。年滿二十應受大戒。明其正制。若比丘知年不滿下。結成所犯。律云年不滿二十者。不堪忍寒。熱。饑渴。暴風。蚊虻。毒蟲。及不忍惡言。若身有種種病。苦痛不能堪忍。又復不堪持戒。不堪一食。與受大戒者。與是能授之者謂壇上三師及七位證盟僧也受謂求具足戒之人此人不得戒者。謂所受人年既不滿三師七證雖如法秉宣白四羯磨而彼不成比丘性戒體不圓名非具足蓋佛爲諸法之王深知衆生業性差別而諸佛子從佛口生從法化生是故依制則比丘性具違教則戒法匪成也彼比丘可訶。癡故者。謂不但所受者不得戒而能授者亦招愆以癡無智慧不知戒法故　律攝云滿足十夏方住師位復須成就五法一知有犯二知無犯三知輕四知重五於別解脫經廣能開解於諸學處創結隨開若遇難緣善知通塞常誦戒本能決他疑戒見多聞自他俱利威儀行法無有虧犯具如是德名親教師由其親能教出離法故　若苾芻雖近圓已於諸學處不識重輕設六十夏仍須仗託明德依止而住若師小者唯除禮拜自餘咸作此即名爲老小苾芻不得與他出家及受近圓也

結罪是中犯者和尚若知年未滿二十。眾中問言汝年滿二十。未受戒人報言或滿二十。或未滿二十。或疑。或不知年數。或默然。或眾僧不問。授大戒三羯磨竟。波逸提。　白已二羯磨竟。三突吉羅。白已一羯磨竟。二突吉羅。　白竟一突吉羅。　和尚疑年未滿。得罪亦爾。　若未白。爲作方便若剃髮。淨壇敷座是爲作方便剃髮者非出家時凡登壇受具必須相同比丘不得長髮俗衣故當先剃髮也若欲集眾。若眾僧已集。和尚一切突吉羅。眾僧若知若疑年未滿二十不問。一切突吉羅。

此戒具三緣方成本罪。一是授具和尚。二知年未滿。三羯磨已竟。

〔兼制〕比丘尼波逸提。同制同學式叉摩那。沙彌。沙彌尼突吉羅。是爲犯。下三眾犯突吉羅者彼非大僧無登壇作師之位若受居家八戒等法不遵律制豈無違越毘尼之咎

〔隨開〕不犯者。先不知信受戒人語。若旁人證。若信

父母。若受戒已疑。聽數胎中年月及閏月。若數一
切十四日說戒。以爲年數。半月半月說戒每年共有二十四次白月及黑月大皆十五日說戒若黑月小則十四日說戒一年僅有六次十四日說戒當有十八次是十五日說戒今以方便皆約十四日說戒以算日數則每年省出一十八日十年便有百八十日儻其人是十九歲共省三百四十二日又可算作一年卽可名爲滿二十歲矣
會採律攝云。若有人近圓時。年實未滿而作滿想。
後有親屬報云不滿。應數胎月閏月。若滿者善斯
名善受。若不滿者。退爲求寂。應更與受近圓。若不
爾者同前賊住。 若有人年滿十九。作二十心而

受近圓。後經一年親屬來見報云不滿。或自憶知不滿。或年十八而受近圓。後經二歲同前憶知。斯等皆名善受。正教難逢。是開聽故。本部未滿更開數一切十四日說戒律攝未滿但聽數胎月閏月以足之若不足者退爲求寂須知上根受具應準本部機若下劣律攝當依然斯乃受具已後有疑佛慈聽開若未登壇先算此而爲滿歲者則法犯相似人墮全非斷不可例此宜應欽遵於此

此戒大乘比丘同學

第六十六發起諍事戒

若比丘知諍事如法懺悔已。後更發起者。波逸提。

〔緣起〕此戒有二制。佛在舍衛國。給孤獨園時。六羣比丘鬪諍。僧如法滅已。後更發起。作如是言。汝不善觀。不成觀。不善解。不成解。不善滅。不成滅。令僧未有諍事而有諍事。起已有諍事而不除滅。諸比丘察知其故。具白世尊。此初結戒也。與結戒已。時諸比丘不知諍事如法滅。不如法滅。後乃知如法滅。或作波逸提懺者。或有疑者。佛言不知無犯。此第二結戒也。由起諍事不忍煩惱。制斯學處。

〔釋義〕律云諍者。有四種。言諍。覓諍。犯諍。事諍。詳如後七

滅諍法中釋　如法者。如法如毘尼如佛所敎懺悔已者。謂善滅諍法　後更發起者。謂其諍已滅復以不善心而舉發令衆諍論不息也

結罪是中犯者。知如法滅已後更發起作如是言。不善觀不成觀。不善解不成解。不善滅不成滅。說而了了波逸提。言觀解者謂稱量得宜應與何法當與何法也不成觀解者謂法不應諍與毘尼相乖也

觀作觀想者。波逸提。　觀疑。　不成觀有觀想。不成觀疑。盡突吉羅。　此戒具四緣方成本罪。一是比丘諍事。二如法滅已。三觀作觀想而更發起

四說而了了。

【兼制】比丘尼波逸提。同制同學式叉摩那。沙彌。沙彌尼突吉羅。是為犯。

【隨開】不犯者。若先不知。若觀作不觀想。若事實爾言不善觀。乃至不成滅。若戲笑語。若疾疾語。若夢中語。欲說此錯說彼。及最初未制戒等。是為不犯。

【會採】律攝云。若眾為眾作羯磨。得窣吐羅罪。以是破僧方便故。

薩婆多論云。若是僧制不入佛法。發起得突吉羅罪。

此戒大乘同制。爲菩薩不能善和鬭諍而反亂衆鬭諍。罪結輕垢。

第六十七同賊伴行戒

若比丘知賊伴結要共同道行。乃至一村間。波逸提。

緣起此戒有二制。佛在舍衞國。給孤獨園。有衆多比丘從舍衞至毘舍離。有私度關賈客欲爲伴與之同行。俱爲守關者所捉。將至波斯匿王。王問其故。諸尊實知此人不輸王稅是賊賈不。答言知。王言若實知者法應死復作念云豈宜殺沙門釋子耶但以訶責放去臣眾不腹有少欲比丘聞知白佛此初結戒也時諸比丘不知是賊非賊伴行後乃知是賊伴或作波逸提懺者或生疑者佛言不知無犯故有第二結戒也此是遮罪由行路事譏嫌煩惱制斯學處乃初篇盜根本種類

釋義律云賊伴者若作賊還若方欲去結要者共要至城若至村道者村閒處處道

結罪是中犯者知是賊伴共要同道行至村閒處

處道行。一一波逸提。　無村曠野無界處。共道行波逸提。

若共村間半道。　若無村曠野行減十里。皆突吉羅。　若村間一道行。　若方便欲去而不去。　共要去而不去。一切突吉羅。　此戒具三緣方成本罪。一實知是賊。二結要同行。三行處不減。

兼制　比丘尼波逸提。同制同學式叉摩那。沙彌。沙彌尼突吉羅。是爲犯。

隨開　不犯者。若先不知。不共結伴逐行安隱。謂無恐怖也若力勢所持。若被繫縛將去。若命難梵行難。及最初未制戒等。是爲不犯。

〔會採〕僧祇律云。若比丘欲行時。當求車伴。賊相貌有三事可知。香。色。莊嚴。香者。在空處食生熟肉氣。色者。常恐怖色。莊嚴者。終日結束面黑髮黃。皃惡似閻羅人。若賊詐稱作好人著好衣服。到空迴處展轉相語。今日當入聚落破牆壁劫奪財物。不問沙門婆羅門一切盡取。當知是賊。不得即便捨離。宜隨順去。若近聚落方便捨去。若賊覺者。應語言長壽我正到此。若與偷金賊共行。波逸提。（金乃七寶之首攝餘可知）與叛負債人共行。越毘尼罪。

十誦律云。若險難處。賊送度者不犯。

根本律云。若迷失道。彼來指示。雖同行不犯。

五分律云。共惡比丘期行突吉羅。若諸難緣不犯。

此戒大乘同制

第六十八惡見不捨戒

若比丘作如是說。我知佛所說法。行婬欲非障道法。彼比丘諫此比丘言。大德莫作是語。莫謗世尊。謗世尊者不善。世尊不作是語。世尊無數方便說犯婬欲是障道法。彼比丘諫此比丘時堅持不捨。彼比丘乃至三諫捨此事故。若再三諫捨者善。不捨者波逸提。

緣起 佛在舍衛國。給孤獨園。有阿梨吒比丘生是惡見。諸比丘聞欲除去彼惡見。故諫而不捨。往白世尊。世尊以無數方便訶責阿梨吒已。告諸比丘。聽衆僧爲彼作訶諫白四羯磨捨此事。若有餘比丘作如是言。亦應訶諫白四羯磨。故結此戒。由邪思事僻執煩惱。制斯學處。此並下二戒。於三破中皆名破見也

〔釋義〕文分三節。若比丘作如是說等。明所生之惡見。彼比丘諫此比丘言。乃至犯婬欲是障道法等。明所諫之詞。彼比丘諫此比丘時堅持不捨等。結成所犯。作是說者。謂謬引佛語以證己見由見居家善信士女受持三皈五戒唯斷邪婬雖有妻室而亦能證須陀洹乃至亦得阿那含果故生如是惡見我知者。謂自能解知非他告知也佛所說法者。所說是彰義法有二種一是佛親說二是弟子說雖弟子說由承佛教故亦名法也行婬欲者。是鄙惡事也非障道法者。謂習行其事而不能障礙諸賢聖道法也彼比丘諫此比丘言者。謂作下別諫之詞大德者。是如律尊稱之詞莫作是語者。謂不可作是惡見之言也莫謗世尊者。謂佛所說法離欲清淨寂滅無爲若言欲出非理障道卽違反佛說是誹謗世尊謗者謂之言也不善者。謂當來定招惡果報也　世尊不作是語者。謂佛不說婬非障道法也　世尊無數方便說犯婬欲是障道者。謂世尊以種種言詞說法教斷欲想除愛欲所燒度於愛結欲如火坑如火炬欲如枯骨如段肉如夢所見欲是不淨法是有漏法是障諸賢聖道果法　彼比丘諫時堅持不捨者。謂一比丘於屏處別諫之時固執邪見不受諫語也　彼比丘乃至三諫等者。謂別諫不從當鳴椎集僧白四羯磨其羯磨全法於作持中明向下唯明諫詞結罪

（結罪）是中犯者。彼比丘諫此比丘言。乃至無數方便說行婬欲是障道法。汝今可捨此事。莫爲僧所

訶更犯重罪。若受語者善。此是一比邱別諫也不隨語者應白。此是集僧訶諫凡作羯磨皆先有白白已當語言。我已白竟。餘有羯磨在。汝可捨此事。莫為眾僧所訶責更犯罪。若隨語者善。言善者僅免本罪其方便罪仍當懺除不隨語者。作初羯磨。作初羯磨已。當語言我已白初羯磨竟。餘有二羯磨在。汝當捨此事。莫為僧所訶責犯罪。若隨語者善。

若不隨語者。當作第二羯磨。第二羯磨已。當語言已作白二羯磨竟。餘有一羯磨在。汝可捨是事。莫爲衆僧所訶犯罪。若隨語者善。 若不隨語者。唱三羯磨竟波逸提。

作白已一羯磨竟捨者。三突吉羅。 作白已二羯磨竟捨者。二突吉羅。 作白已捨者。一突吉羅。

若白未竟捨者。突吉羅。

若未作白作是語。我知佛所說法。行婬欲非障道法。一切突吉羅。此謂別諫時及未曾別諫之前也

彼比丘諫此比丘時。餘比丘遮。若比丘尼遮者。若有餘人遮。汝莫捨此事。衆僧諫與不諫。遮者一切

突吉羅。　此戒具四緣方成本罪。一堅持惡見。二頻諫不捨。三羯磨如法。四三番白竟。

〔兼制〕比邱尼波逸提。同制同學式叉摩那。沙彌。沙彌尼突吉羅。是爲犯。

〔隨開〕不犯者。若初語時捨。謂最初別諫時一聞諫語卽捨若非法別衆諫。若非法和合諫。法別衆。法相似別衆。法相似和合。非法非毘尼非佛所敎諫。若無諫者。及最初未制戒等。是爲不犯。

〔會採〕律攝云。若苾芻心生惡見。謂爲正見。云我所解最爲殊勝。實不從佛聞如是語。但出自意說其文義。不生慚愧邪說誑他。餘苾芻見時應爲屏諫。若不捨者得惡作罪。次羯磨諫。作初白竟乃至第二羯磨竟。若不捨者。一一皆得惡作之罪。第三竟時。便得墮罪。應於眾中說悔其罪。然懺單墮皆對首作法即得除滅。今準律攝云眾中說悔者其義有二。一以眾爲證更不再生如是邪見故。二治此一人以誡眾人令正思惟故

此戒大乘犯重。攝謗法戒故。

〔引證〕大般若經云。若染色欲。於生梵天尚能爲障。

況得無上正等菩提。是故菩薩斷欲出家。能得無上菩提。非不斷者。　又云菩薩摩訶薩於五欲中深生厭患。不爲五欲過失所染。以無量門訶毀諸欲。欲爲熾火燒身心故。欲爲穢惡染自他故。欲爲魁膾於去來今常爲害故。欲爲怨敵長夜伺求作衰損故。欲如草炬。欲如苦果。欲如利劍。欲如火聚。欲如毒器。欲如幻惑。欲如闇井。欲如詐親旃陀羅等。舍利子。諸菩薩摩訶薩以如是等無量過門。訶毀諸欲。

第六十九黨惡見不捨戒

若比邱知如是語人未作法。如是邪見而不捨。供給所須。共同羯磨止宿言語者波逸提。

〔緣起〕此戒有二制。佛在舍衞國。給孤獨園。阿梨吒生惡見。衆僧訶諫而故執不捨。諸比邱嫌責白佛。佛令僧與作惡見不捨舉。白四羯磨。此初結戒也。（即前戒也）時六羣比邱供給所須。共同羯磨止宿言語。有知足頭陀比邱訶責白佛。此第二結戒也。亦由邪思事僻執煩惱。制斯學處。

〔釋義〕律云。如是語者。作如是語我聞世尊說法行婬欲非障道法。未作法者。若被舉未與解羯磨。如是邪見不捨者。衆僧訶責而未捨惡見。供給所須者。有二種。若法。若財。法者。教修習增上戒。增上意。增上智。學問誦經。財者。供給衣服飲食。牀座臥具。病瘦醫藥。同羯磨者。同說戒。止宿者。屋有四壁一切覆。或一切覆不一切障。或一切障不一切覆。言語者。謂教授及與評論善惡等事也

〔結罪〕是中犯者。若比丘先入屋。後有如是語人來。

若如是語人先入比丘後來若二人俱入宿隨脇著地一切波逸提　此戒具三緣方成本罪一知是惡邪見人二知僧作舉不捨三供給所須止宿

【兼制】比丘尼波逸提準尼律若隨順被舉比丘三諫不捨者波羅夷是尼發起之本制也此乃比丘發起之兼制也式叉摩那沙彌沙彌尼突吉羅是爲犯

【隨開】不犯者不知有如是語人在中宿若屋不盡覆障若露地若病倒地若爲勢力所持若被繫閉或命難梵行難及最初未制戒等是爲不犯

〔會採〕五分律云。共語語語波逸提。共坐坐坐波逸提。共宿宿宿波逸提。共事事事波逸提。　雖捨惡見。僧未解羯磨。亦波逸提。　若作惡見僧未羯磨。突吉羅。　若不知及不如法羯磨不犯。

十誦律云。若教他法。若從受法。若與他財。若取他財。若共宿。一切波逸提。

根本律云。若彼身病。看侍無犯。　或同居令捨惡見。此亦無犯。

此戒大乘同制

第七十畜被擯沙彌戒

若比丘知沙彌作如是言。我從佛聞法。行婬欲非障道法。彼比丘諫此沙彌如是言。汝莫誹謗世尊。謗世尊者不善。世尊不作是語。沙彌世尊無數方便。說婬欲是障道法。彼比丘諫此沙彌時堅持不捨。彼比丘應乃再三訶諫令捨此事故。乃至三諫而捨者善。不捨者。彼比丘應語彼沙彌言。汝自今已去不得言佛是我世尊。不得隨逐餘比丘。如諸沙彌得與餘比丘二三宿。汝今無是事。汝出去滅去。不應住此。若比丘知如是眾中被擯沙彌。而誘將畜養共止宿者。波逸提。

緣起　此戒有二制。佛在舍衛國。給孤獨園。跋難陀有二沙彌共行不淨。自相謂言。我等從佛聞法。其行婬欲非障道法。聞中有少欲比丘白佛。佛敕諸比丘置此二沙彌於眾僧前。眼見不聞處立。作訶諫白四羯磨捨此事故。而彼故不捨。乃令僧如前置立。作不捨滅擯白四羯磨。（此乃不現前羯磨法也。若諫訶則呼之近前而令聽。若羯磨則遣之遠立而不聞）時六羣比丘。知僧為此二沙彌作惡見不捨滅擯羯磨。而便誘將畜養同共止宿諸比丘嫌責六羣。啟白世尊。此初結戒也。如是結戒已。彼二沙彌城中擯出。便往外村。城外擯出。還入城中。時諸比丘亦不知此是滅擯不滅擯。後乃方知是滅擯。或作波逸提懺者。或有疑者。佛言不知者無犯。此第二結戒也。亦由邪思事僻執煩惱。制斯學處。

〔釋義〕文分四節。若比丘知沙彌作如是言等。明沙彌所起邪見。彼比丘諫此沙彌如是言等。明訶諫白四羯磨。彼比丘應語沙彌言自今已去等。明不捨滅擯白四羯磨。若比丘知如是眾中被擯沙彌等。結成所犯。律云滅擯者。僧與作滅擯羯磨。滅謂滅除擯謂擯棄誘者。若自誘。若教人誘。謂以財法勸動引誘將去也畜養者。若自畜。若與人畜。畜謂攝受與作依止養謂教授學問經法並給飲食也共止宿者。謂同餘比丘一處居止共房二三宿也　羯磨法於作持中明

結罪是中犯者。若比丘先入宿。滅擯者後至。若滅擯者先入。比丘後至。或二人俱至。隨脅著地轉側。一切波逸提。　此戒具三緣方成本罪。一是惡邪

被擯。二明知誘引。三同宿畜養。

【兼制】比丘尼波逸提。（同制同學）式叉摩那。沙彌沙彌尼突吉羅。是爲犯。

【隨開】不犯者。先不知。若比丘先至。滅擯者後至。比丘不知。若房四無障上有覆。若顛發倒地。若病動轉。或爲勢力所持被繫閉。若命難梵行難。及最初未制戒等。是爲不犯。

【會採】十誦律云。通夜坐不臥。亦波逸提。

律攝云。若與依止及教讀誦。皆得墮罪。　凡不見

罪等。被捨置人共爲受用。皆得惡作罪。此謂凡是三擧二擯等人若共同受用皆不應故

根本律云。若是親族。或時帶病。或復令彼冀捨惡見。雖權攝教。並皆無犯。

此戒大乘同制

附考 僧祇律云。若有人爲和尚阿闍黎所嫌。餘比丘不得誘引言我與汝四事。汝當在我邊住受經誦經。　若觀彼人必當捨戒就俗者。得誘取已。當教言汝當知二師恩甚重難報。汝應還彼目下住。

毘尼止持會集卷第十二終

音義

彷徉 上音旁下音羊彷徉猶徘徊也又彷徉以逍遙也 **闟** 與鑰同闟令不能開 **漉** 音六淋也水下也 **畜生** 梵語底栗車此云畜生立世論云由因諂曲業故於中受生復說此道眾生多覆身行故名底栗車 婆沙論云生謂眾生畜謂畜養謂彼橫生稟性愚癡不能自立為他畜養故名畜生 問若以畜養名畜生者如諸龍水陸空行豈可為人所養名為畜生耶答養者義寬且滿人世及以六天不養者處狹唯在人中山野澤內又古昔諸龍亦為人養具在文史今從畜養偏多故名畜生 **綏** 音雖安也 **搦** 音諾按也 **溝瀆** 水注川曰谿注谿曰谷注谷曰溝注溝曰澮注澮曰瀆 又田間之水曰溝 又水瀆廣四尺深四尺曰瀆 **一尋** 四尺謂之仞倍仞謂

之尋又云舒兩臂爲一尋

天眼 此眼諸天因修禪定而得也能見遠近前後內外晝夜上下皆悉見之以無色質障礙故名天眼通非礙也

得法眼淨 證須陀洹果斷三界分別惑見眞諦理名法眼淨

阿梨吒比丘 阿梨吒亦名阿利吒此云無相是人所以生此邪見者言須陀洹斯陀含皆有妻室亦不障道牽此自比故生邪見言婬欲非障道法也薩婆多論云此人先是外道弟子外道邪見師遣入佛法中倒亂佛法其人聰明利根不經少時通達三藏即便倒說云行障道法不能障道盡其智辯不能令成

毘尼止持會集卷第十三

金陵寶華山弘律沙門讀體集

第七十一拒諫難問戒

若比丘餘比丘如法諫時。如是語我今不學此戒。當難問餘智慧持律比丘者。波逸提。若爲知爲學故。應難問。

緣起　佛在拘睒彌國瞿師羅園中。時闡陀比丘餘比丘如法諫時。作如是語。按僧祇律云我今不隨汝語我若見餘長老寂根多聞持法深解我當從咨問彼若有所說我當受行諸比丘聞中有樂學戒者。嫌責闡陀。白佛結戒。由違諫事不忍煩惱制斯學處。

釋義 文分二節。若比丘下。明其所犯。若為知下。明實學隨開。律云如法諫者。如法如律如佛所教。此謂吐語皆如法律存心本為利人。作是語我今不學此戒者。然非實不學戒而作抗逆語者。意欲拒難問者。謂以巧言彼之諫言先緘其口也。難問者。詰問於他智慧者。智即是慧若分別說智知也慧見也。持律者。謂嚴又決定審理曰智造心分別曰慧 持律者。持佛制善閑律藏 為知為學者。謂欲廣博深義。樂修梵行者斯則應當難問通達明了以便習行可免無罪

〔結罪〕是中犯者。若說而了了。波逸提。說不了了。突吉羅。此戒具三緣方成本罪。一心存違諫。二口出抗言。三說解了了。

〔兼制〕比丘尼波逸提。同制同學式叉摩那。沙彌沙彌尼。突吉羅。是爲犯。

〔隨開〕不犯者。彼比丘癡不解故此比丘作如是語。汝還問汝和尚阿闍黎。可更學問誦經。若戲笑語。若獨語。或夢中語。或欲說此而錯說彼。及最初未制戒等是爲不犯。

此戒大乘同制

附考　律攝云。有五種人不應爲說毘奈耶藏。謂性無所知强生異問。或不爲除疑而問。或試弄故問或惱他故問。或求過失故問。

第七十二輕訶說戒戒

若比丘說戒時作是語。大德何用說是雜碎戒爲說是戒時令人惱愧懷疑。輕訶戒故。波逸提。

緣起　佛在舍衛國給孤獨園。有衆多比丘集在一處誦正法毘尼。時六羣自相謂言彼誦律通利必當數舉我等罪。乃往語言長老何用此雜碎戒為。
若必誦者。當誦四事及十三事。餘者不應誦。若誦
者使人懷疑憂惱。諸比丘聞。中有慚愧樂學戒者。
嫌責六羣。白佛結戒。此是性罪。因輕毀事不忍可
煩惱。制斯學處。
【釋義】律云說戒時者。若自說戒時。若他說時。若誦
時。自他說戒謂布薩之雜碎戒者。善見律云從二
時誦戒乃讀學之時不定乃至眾學
是名雜碎薩婆多論云結此戒者為尊重波羅
提木叉為長養戒故為滅惡故以十二年前佛常
說一偈今說五篇名為雜碎戒又有說是戒者。令
云除前二篇後三篇名雜碎戒也

人惱愧等者。此乃敘述其情彰憂惱狀由自犯過故聞他說戒情生不喜由不喜故惱悶交胸名之爲惱追悔所犯名之爲愧不能自決其憂惱名之懷疑何用說此雜碎爲一句正是輕訶戒相也

（結罪）是中犯者。若說而了了者。波逸提。說不了了者。突吉羅。若毀呰阿毘曇及餘契經者突吉羅。

此戒具四緣方成本罪一自欲覆罪。二令他廢學毘尼。三所毀是比丘戒。四說而了了。

（兼制）比丘尼波逸提。同制同學式叉摩那。沙彌。沙彌尼。突吉羅。是爲犯。

〔隨開〕不犯者。若語言先誦阿毘曇或契經。然後誦律。若有病者須差。然後當誦律。語令先勤求方便。於佛法中得果證後當誦律。不欲滅法故作是語。或戲笑語。或夢中語。或獨語。欲說此乃錯說彼。及最初未制戒等。是爲不犯。

〔會採〕五分云。若欲令人遠離毘尼。不讀不誦而毀呰者。波逸提。　若欲令波羅提木叉不得久住而毀呰者。偷蘭遮。此攝上品獨頭偷蘭與破法輪僧同科應於一切僧中求悔　毀呰經亦如是。　毀呰餘四衆及在家二衆戒。突吉羅。比丘尼毀呰二部戒。波逸提。毀呰五眾戒。突吉羅。若恐新受戒人生疑廢退心。教未可誦戒不犯。本律毀呰經論結突吉羅五分結偷蘭者在存心滅法之差別也

此戒大乘同制。菩薩戒本經云。若菩薩如是見如是說言。菩薩不應聽聲聞經法。不應受。不應學菩薩何用聲聞法爲。是名爲犯。眾多犯。

【引證】薩婆多論云。何以訶戒經罪重。餘經罪輕。以戒是佛法之平地。萬善由之生。又一切佛弟子皆依而住。若無戒則無所依。又入佛法之初門。若無

戒者。無由入泥洹城。又是佛法之瓔珞。莊嚴佛法。
是故訶毀罪重。
善見律云。若學毘尼者。一身自護戒。二能斷他疑。
三入衆無畏。四能伏怨家。五令正法久住。下至五
比丘解律在世。能令正法久住。若中天竺佛法滅。
邊地有五人受戒滿十人往中天竺得與人具足
是名令正法久住。如是乃至二十人得出罪。是名
令正法久住。　又持律有六德。一者守領波羅提
木叉。二者知布薩。三者知自恣。四者知授人具足

戒。五者受人依止。六者得畜沙彌。若不解律但知修多羅阿毘曇。不得度沙彌受人依止。以律師持律故。佛法住世五千年。

第七十三無知戒

若比丘說戒時作如是語。我今始知此法戒經所載。半月半月說戒經中來。餘比丘知是比丘若二若三說戒中坐何況多。彼比丘無知無解。若犯罪應如法治。更重增無知罪。語言長老汝無利不善得汝說戒時不用心念。不一心攝耳聽法。彼無知故。波逸提。

緣起佛在舍衛國。給孤獨園。六羣中有一人犯罪當說戒時自知罪障。恐清淨比丘發舉。便先詣諸比丘所語言。我今始知此法乃至戒經中來。諸比丘察知其故。白佛結戒。由不敬事亂心煩惱。制斯學處。

釋義文分三節。若比丘下。明詐言逃過。餘比丘下。是證其虛詐。彼比丘無知無解下。明無益結犯。我今始知此法戒經所載者。由其自有所犯故作如是不實之語詐言云今日始知四棄乃至七滅諍法是戒經所載半月半月一說皆從戒經中來意謂一往不知或免其過

耳

餘比丘知是比丘若二若三說戒中坐。何況多者。謂清衆之中知彼於布薩日共集說戒曾經二三次者應當知其戒相持犯何況爾等過二三次多經布薩而云今日始知其言詐矣　無知無解者。不識戒相名曰無知不別罪義名曰無解　若犯罪應如法治。更重增無知罪者。謂不以無解獲免當如所犯罪治之復更重增一不學戒無知罪　長老汝無利不善得者。此是勸誡之言謂不精攻止作不得持戒之利益也　汝說戒時不用心念者。謂不善作意思惟也　不一心攝耳聽法者。謂由不善作意故其心故耳緣他境由緣他境故不能采聽法音也　彼無知故者。此句結明輕慢心不學毘尼是故重增此一無知墮罪　所犯謂由薩婆多論云實先知言始知犯妄語墮此中正結不

專心聽法罪也

〔結罪〕是中犯者。若自說戒時。若他說時。若誦戒時。作是語者。波逸提。（誦戒時揀非布薩日乃聞眾學誦時也）若不與彼罪者。突吉羅（此治清淨作法比丘也）此戒具三緣方成本罪。一多次在座而輕戒不聽。二自知犯罪而復諱不露。三詐言始知。

〔兼制〕比丘尼波逸提。（同制同學）式叉摩那。沙彌。沙彌尼突吉羅。是為犯。

〔隨開〕不犯者。未曾聞說戒今始聞。若未曾聞廣說今始聞。若戲笑語。若獨語。若夢中語。欲說此錯說彼及最初未制戒等。是爲不犯。

會採律攝云。長淨時作不知語。或由煩惱。或由忘念。若睡眠。若亂意。隨一一戒不聽聞者。皆得墮罪。若聞苾芻尼不共學處作如是語。得惡作罪若共學處便得本罪。　若老耄無所識知。依實說者無犯。　長淨之時。應令純熟善誦戒經者。爲衆誦之。先鳴犍椎時。諸苾芻應自憶罪如法說悔。然後赴集。

僧祇律云。受具足已應誦二部毗尼。若不能者。當誦一部。乃至若復不能當誦初篇戒及偈。布薩時應廣說五篇。乃至若復不能當誦初篇及偈。餘者僧常聞。不誦者越毗尼罪。　僧中應使利者說。餘人專心聽。不得坐禪及作餘業。若於四事乃至七滅諍法中間。隨不聽隨得越毗尼罪。　一切不聽波逸提。　此罪不得趣向人悔。當衆中持戒有威德。人所敬難者於前悔。前人應訶言。長老汝失善利。半月說波羅提木叉時汝不尊重。不一心念。不攝耳聽法。訶已波逸提悔過。此中制意爲呵一人以警策衆人治一人無知不學戒而令衆人敬信毘尼樂學戒故所以必在衆中向戒德威嚴敬近難者前悔過也

此戒大乘同學。

第七十四違反羯磨戒

若比丘共同羯磨已。後如是言。諸比丘隨親厚以衆僧物與者。波逸提。

〔緣起〕佛在羅閱城。耆闍崛山中。尊者沓婆摩羅子衆中差令典知僧事。彼以僧事塯事故。有人初立寺。初立房。初作井。而檀越設會布施不暇往赴。衣

服破壞。異時有施僧貴價衣。衆僧共議白二羯磨與之。六羣亦在衆中。後乃更作如是悔言謗僧。佛爲結戒。因鬬亂事不忍煩惱。制斯學處。僧祇律云典知有九事一典次付牀座二典次差請會三典次分房舍四典次分衣物五典次分香華六典次分菓蓏七典次知煖水八典次分雜餅食九典知隨意與堪事人　典者主也

〔釋義〕文分二節。若比邱共同羯磨已。明一衆和合所作事竟。後如是言下。明自違情反悔謗僧。律云親厚者。同和尚阿闍黎。坐起言語親厚者是。　僧物者。爲僧故作。已與僧。已許僧。物謂衣鉢坐具鍼

筒下至飲水器與者。謂以僧物迴施一人也此白二羯磨與衣法作持中明

〔結罪〕是中犯者。先共眾中作羯磨已。後悔言說而了了。波逸提。　不了了突吉羅。　此戒具五緣方成本罪。一自有貪心。二前人當與三同眾羯磨。四與後反遮。五言說了了。

〔兼制〕比丘尼波逸提。同制同學式叉摩那。沙彌。沙彌尼突吉羅。是為犯。沙彌等不得同僧羯磨若私譏議大僧故亦也

〔隨開〕不犯者。其事實爾。或戲笑語。乃至欲說此錯

說彼。及最初未制戒等。是爲不犯。
會採僧祇律云。若僧中一切應分物來。當次應取。若意不欲者。聽過不取。若人問言。汝何不取。應答言此非我所須。欲取餘物。後來須者。應取無罪。若行物者言。隨意恣取。須者自取無罪。　遮有三種。與。時遮得越毘尼罪。　未與時遮得越毘尼心悔。　與已遮者。得波逸提。
薩婆多論云。凡僧中執勞苦人。若大德其貧匱者。僧和合與。盡得與之。但言不應與盡犯。

此戒大乘同學。

第七十五不與欲戒

若比丘衆僧斷事未竟。不與欲而起去。波逸提。

〔緣起〕此戒有二制。佛在舍衞國。給孤獨園。衆僧集一處共論法毘尼。時六羣自相謂言。看此諸比丘共集一處。似欲爲我等作羯磨。卽從座起而去。衆語言有僧事汝等且住勿去。而彼故去。其中有樂學戒者。嫌責白佛。此初結戒也。時諸比丘或營僧事塔事。或瞻病事疑佛言自今已去聽與欲。故有不與欲而起之語。此第二結戒也。由論法事不寂靜煩惱。制斯學處。

釋義 律云僧者。一說戒。一羯磨。 斷者。謂評論也事者。有十八破僧事法。非法律非律。犯非犯。若輕若重。有殘無殘。麤惡非麤惡。常所行非常所行。制非制。說非說。與欲者。於作持中詳明此一開三

結罪 是中犯者。若起出戶外。波逸提。 一足在戶內一足在戶外。方便欲去而不去。 若期欲去而不去。一切突吉羅。 此戒具三緣方成本罪。一是

羯磨事同眾已集。二不與欲而輒去。三兩腳出戶。

【兼制】比丘尼波逸提。同制同學式叉摩那。沙彌。沙彌尼突吉羅。是為犯。下三眾無斷事同僧與欲之理其所犯者準後五分律同制也

【隨開】不犯者。有三寶及瞻病事。與欲。若口噤不能與欲。若非法非毘尼羯磨。或為塔僧二師親友作損減無利益。如是不與欲去。及最初未制戒等。是為不犯。

【會採】五分律云。若屋下羯磨。隨幾過出。一一出波逸提。若露地羯磨出去僧面一尋。波逸提。若

神通人離地四指。波逸提。若僧不羯磨斷事出去。突吉羅。　若私房斷事來而去。突吉羅。　若僧不羯磨斷事。及私房斷事。沙彌得在其中。起去突吉羅。式叉摩那。沙彌尼亦如是。

僧祇律云。若大小便須臾還不廢僧事無罪。　若說法說毘尼聽。多比丘誦經。聽他受經。聽他誦經。盡應白去。不白去者。越毘尼罪。　若誦經者止誦。作餘語去者無罪。（若聽他受誦經典不白而去亦結罪者一由輕心尠信無敬教之念次以威儀鹵莽缺隨喜之緣）

此戒大乘同學。

第七十六與欲後悔戒

若比丘與欲已後悔。波逸提。

緣起佛在舍衛國。給孤獨園。六羣中有犯事者。恐僧彈舉。於一切時六人相隨不離。使僧不得與作羯磨。異時六羣作衣。僧知得便。卽遣喚之。報言我等作衣不得往。僧言若不得來。可令一二比丘持欲來。彼卽令一比丘持欲來。僧卽與此比丘作羯磨。此比丘還語六羣。六羣悔言彼作羯磨者。非爲羯磨羯磨不成。我以彼事故與欲。不以此事。諸比丘嫌責六羣。遂往白世尊。佛故結戒。由悔恨煩惱。制斯學處。

〔釋義〕與欲已者。謂僧有如法事先心樂欲許可已　後悔者。謂與欲後心生悔恨也此戒與前戒大同中有少別者前以先知其事共許羯磨而後悔誹僧此據不知後悔遮欲二戒俱欲毀破羯磨使先事不成也

〔結罪〕是中犯者。與欲已後悔言說而了了者。波逸提。不了了者。突吉羅。　此戒具四緣方成本罪。一是如法僧事。二與欲羯磨。三心生悔恨。四悔言

了了。

兼制比丘尼波逸提。同制同學式叉摩那。沙彌。沙彌尼突吉羅。是爲犯。隨制沙彌等如前五分

隨開不犯者。其事實爾非羯磨。羯磨不成。作如是言非羯磨羯磨不成。若戲笑語。獨語。夢語。欲說此錯說彼。及最初未制戒等。是爲不犯。

會採律攝云。已與他欲後生悔恨。煩惱旣生心無慚恥。於可對境作苾芻想。言告彼時。便得墮罪。

薩婆多論云。除僧羯磨事。僧凡所斷事和合作已

後悔譏訶。突吉羅。若僧如法作一切羯磨已。後訶言不可。波逸提。除僧羯磨。一切非羯磨事。不謂用單二白四羯磨法所辦之事也眾僧和合共斷決之。後更訶者。若順法順毗尼者。波逸提。若雖見王制僧制。不順毗尼者。突吉羅。若僧作一切羯磨事作不如法。當時力不能轉易故。默然而不訶。後言不可無犯。

此戒大乘同學。

第七十七屏聽諍後語戒。

若比丘比丘共鬭諍已。聽此語向彼說。波逸提

【緣起】佛在舍衛國。給孤獨園。時諸比丘鬭諍。六羣聽此語向彼說。令僧未有諍事而有。已有而不能滅。諸比丘察知其故。白佛結戒。此是性罪。由惱亂事不忍煩惱。制斯學處。

【釋義】律云鬭諍有四種。言諍。覓諍。犯諍。事諍。聽此語向彼說者。謂於屏隱處竊聽他言求覓過失而更相遞說令生忿競致小事始興而成大諍大諍旣成而不能息也

【結罪】是中犯者。若聽他諍語從道至道。從道至非

道從非道至道。從高至下。從下至高。往而聞。波逸提。不聞突吉羅。若方便欲去而不去。若共期去而不去。一切突吉羅。若二人共在闇地語。或隱處語。或在前行語。當彈指若謦咳驚之。若不爾者。盡突吉羅。

此戒具三緣方成本罪。一知他比丘鬪諍。二屏處往聽。三聞說明了。

兼制比丘尼波逸提。同制 同學 式叉摩那沙彌沙彌尼突吉羅。是為犯。

〔隨開〕不犯者。若欲作非法非毘尼羯磨。若爲塔僧二師親友作損減無利益事。欲得知之往聽。及最初未制戒等。是爲不犯。

〔會採〕薩婆多論云。往聽鬬諍犯者。以能破佛法令僧爲二部。是故制聽者犯。所以在高下處聽犯者。以諍事重故不同說戒布薩羯磨等也此中諍人及餘不諍人來聽。及向人說不說皆犯。

五分律云。默聽餘四衆語。突吉羅。

十誦律云。爲和合故往聽不犯。

善見律云。往去步步突吉羅。　至聞處波逸提。
爲欲自改往聽不犯。
僧祇律云。二比丘在堂裏私語。若比丘欲入應彈指動脚作聲。若前人默然者應還出。若故語不止者。入無罪。　一比丘先在堂內坐。二比丘私語從外來。先坐比丘應作聲。若彼默然者。堂內比丘應出。前後行亦爾。　若比丘共餘比丘鬬諍結恨。作是罵詈我要當殺此惡人。比丘聞已。得語彼好自警備。我聞有惡聲。　若有客比丘作是言。我等當盜某庫藏。某塔物。某僧淨廚。某人衣鉢。知事人聞已默然。應還僧中唱言。諸大德某庫藏。某塔物。某僧淨廚。某人衣鉢。當警備我聞惡聲。使前知。若比丘多有弟子。日暮挍行諸房知如法不。若聞說世俗語。不得便入訶責。待自來已。然後訶責言。汝等信心出家食人信施。應坐禪誦經。云何論說世俗非法事。此非出家隨順善法。若聞論經說義問難答對。不得便入讚歎。待自來已。然後讚美。汝等能共論經說義講佛法事。如世尊說比丘集時當行二法。一者賢聖默然。二者講論法義。

此戒大乘同制。

第七十八瞋打比丘戒

若比丘瞋恚故不喜打比丘者。波逸提。

【緣起】佛在舍衛國。給孤獨園。六羣中有一比丘瞋恚打十七羣比丘。其被打人高聲大喚。諸比丘聞知嫌責。白佛結戒。由伴屬事不忍煩惱。制斯學處。乃初篇殺根本種類。

【釋義】不喜者。謂忿恚纏心情生不悅也律云打者。若手若石若杖。僧祇律云打者若身身分身方便身者一切身是身分者若手若腳若肘若膝若齒若爪甲是名身分身方便者若捉杖木瓦石等打若遙擲是名身方便

【結罪】是中犯者。若以手石杖打比丘者。一切波逸提。　除杖手石。若餘戶鬮曲鉤拂柄香爐炳挃者。一切盡突吉羅。　此戒具三緣方成本罪。一要有瞋恚心。二自身行打。三前人是比丘。

【兼制】比丘尼波逸提。同制同學式叉摩那。沙彌。沙彌尼突吉羅。是為犯。

【隨開】不犯者。若有病須人椎打。若食噎須椎脊。若

共語不聞而觸令聞。若睡時以身委他上。委者棄置也若來往經行時共相觸。若掃地時杖頭誤觸。及最初未制戒等。是爲不犯。

〈會採〉薩婆多論云。打得戒沙彌。即學悔沙彌也盲瞎聾瘂。波利婆沙。摩那埵比丘。盡波逸提。失雙目名盲失一目爲瞎若先有如是病者攝十六輕遮中不得受比丘戒若已近圓後有此病者仍是比丘如是之輩宜當憐愍可也

摩得勒伽云。打三種人突吉羅。謂賊住。即賊心入道也本不和合。無師僧者本犯戒。犯四棄失比丘性者若以把沙把豆等

物擲眾比丘。隨所著。隨得爾所波逸提。　不著突吉羅。

律攝云。若持戒若破戒有苾芻相。起苾芻想。或復生疑。打者皆得墮罪。　若非苾芻作苾芻想疑。或於柱壁。或於餘事。作掉亂心而打拍者。咸得惡作。

　不以瞋心為利益事無犯。

五分律云。打餘三眾乃至畜生。突吉羅。

善見律云。若欲心打女人。僧殘罪。

僧祇律云。打尼偷蘭遮。打三眾越毘尼罪。下至俗人越毘尼心悔。若惡象馬牛羊猪狗等來不得打。得捉杖木瓦石等打地作恐怖相。若畜生來入塔寺觸突形像。壞華果樹。亦得以杖木瓦石打地恐怖令去。

此戒大乘同制。若以打報打者。罪結輕垢。若無端起瞋及忿恨上品纏。他人求悔而不受懺者。此則犯重。其爲菩薩應與一切衆生樂。豈反瞋打之。

第七十九瞋搏比丘戒

若比丘瞋恚不喜以手搏比丘者。波逸提。搏音博

〔緣起〕佛在舍衛國。給孤獨園。六羣以手搏十七羣。其被搏人高聲大喚。諸比丘聞。問其所以。白佛結戒。由伴屬事不忍煩惱。制斯學處。乃初篇殺根本種類。

〔釋義〕搏者。擬也擬乃形像也謂舉手相向以現其打相而令他人恐怖也　前戒本心實欲打之打不著身不得本罪此戒心本無念直以掌擬擬便得本罪所以兩戒有異故別制之

〔結罪〕是中犯者。瞋恚不喜以手搏比丘者。波逸提。

除手已。若戶關拂柄香爐柄挃。一切突吉羅。

此戒具三緣方成本罪。一有瞋他心。二前人是比

丘。三以手腳掌搏及彼身。

【兼制】比丘尼波逸提。（同制同學）式叉摩那。沙彌。沙彌尼突吉羅。是爲犯。

【隨開】不犯者。若他欲打舉手遮。若惡獸盜賊來。若持刺來舉手遮。乃至一切不故作。及最初未制戒等。是爲不犯。

【會採】十誦律云。以手腳掌向他波逸提。　舉餘身分向他。突吉羅。

五分律云。手擬及波逸提。　不及突吉羅。

律攝云。作打心而擬。其手初舉時。便得本罪。若一舉手向多苾芻。隨其多少準人得罪。若與苾芻相瞋恨時。應往詣彼求其懺摩。不應瞋心未歇往求辭謝。彼亦不得同師子行。為堅硬心不相容恕。若不肯忍。應遣智人方便和解。速令諍息。小者到彼瞋苾芻邊。至勢分時。即應禮拜。彼云無瞋。若見苾芻鬬諍之時。無朋黨心而為揮解。俗人鬬處不應往看。恐引為證故。如上所說不順行者。咸得惡作。

此戒大乘輕重如上。

第八十無根僧殘瞋謗戒

若比丘瞋恚故。以無根僧伽婆尸沙謗者。波逸提。

〔緣起〕佛在舍衛國。給孤獨園。六羣瞋恚故。以無根僧殘謗十七羣。諸比丘聞知白佛結戒。此是性罪。由同梵行事不忍煩惱。制斯學處。乃初篇妄根本種類。

〔釋義〕律云根者有三。謂見聞疑。如十三事中釋。其間異者彼以四棄無根誹之此唯以十三事中一一事行謗也

〔結罪〕是中犯者。說而了了者。波逸提。不了了者。突吉羅。　此戒具四緣方成本罪。一彼是比丘。二自有瞋心。三以無根僧殘謗。四說而了了。

〔兼制〕比丘尼波逸提。同制式叉摩那。沙彌。沙彌尼同學突吉羅。是爲犯。

〔隨開〕不犯者。見聞疑根若說其實。欲令改悔而不誹謗。若戲笑語。獨語。夢中語。欲說此錯說彼。及最初未制戒等。是爲不犯。

〔會採〕僧祇律云。謗比丘波逸提。　謗比丘尼偷蘭遮。此偷蘭輕於波逸提謗餘三眾越毘尼。謗俗人越毘尼心悔。

此戒大乘同制。向同法者說犯輕若向外人說犯重。

第八十一輒入宮閾戒

若比丘剎利水澆頭王種。王未出未藏寶而入。若過宮門閾者。波逸提。

〔緣起〕佛在舍衛國。給孤獨園。時末利夫人禮佛聞法得果證已。勸喻波斯匿王令得信樂聽諸比丘入出宮閤無有障礙。迦留陀夷乞食。次入王宮時。王與夫人晝日共臥。夫人遙見彼來。即起披衣。以所披衣拂座。令坐。夫人失衣露形。慚愧而蹲。尊者還僧伽藍。語諸比丘。波斯匿王第一寶者。我今悉見。諸比丘詰知。嫌責尊者。白佛結戒。由詣王宮竝識染煩惱。制斯學處。律攝云。烏陀夷有緣須詣摩利迦夫人所。侵早入宮

〔釋義〕若比丘下。明所行之處。若過下。結成所犯之罪。律云。剎利水澆頭王種者。王紹位時。取四大海水。取白牛右角。收拾一切種子。盛滿中。置金輦上。

使諸小王輿王與第一夫人共坐輦上。大婆羅門以水灌王頂。若是刹利種水灌頂上。作如是立王。故名爲刹利王水灌頂種。刹利此云田主是劫初時有德之人眾立彼爲眾處分田土以其尊貴自在故相承以爲姓也若是婆羅門種。毘舍首陀羅種。以水灌頂作如是立王。亦名爲刹利王水灌頭種。未出者。王未出婇女未還本處。未藏寶者。金銀眞珠。硨磲。瑪瑙。水精。瑠璃。貝玉。一切眾寶瓔珞而未藏舉。十誦律云諸夫人次第直宿於王時未利夫人下著珠網衣上著磨貝衣內身外露現如共王宿時即著是衣未藏寶者未藏此莊嚴具　薩婆多論云王已出外夫人未起其進御時所著寶衣輕明照徹內身外現以發欲意未藏此衣名未藏寶又女爲男寶夫人未以餘衣覆身亦名未藏寶　五分律云寶者所重之物及諸女色皆名爲寶

結罪是中犯者。王未出寶未藏。若過門閫者。波逸提。　若一足在外一足在內發意欲去若共期而不去者。一切突吉羅。

除王刹利種。若入餘粟散小王豪貴長者家。過門閫者。一切突吉羅。　此戒具四緣方成本罪。一必是大王宮。二王未出寶未藏。三須是內宮門。四兩脚入內。

兼制比丘尼波逸提。同制同學式叉摩那。沙彌。沙彌尼突吉羅。是為犯。

隨開不犯者。若王已出。若婇女還本處所。有珍寶已舉藏。若有所奏白。若被請喚。若為勢力所執去。若命難梵行難。及最初未制戒等。是為不犯。

會採律攝云。門閫有其三種。一城門閫。二王家門閫。三內宮門閫。入初二門得惡作罪。　入內宮門便得墮罪。閫者門橛也謂門兩旁挾門之短限也此與閾義同也

此戒大乘同制。末世尤所當慎。設令喚請亦不應

輒入。若具大神通威德不犯。

〔附考〕根本律云。入王宮者有十種過失。一者。王與夫人在一處住。苾芻入時夫人便笑。王卽生疑豈非苾芻於私屏處行鄙惡事。若不爾者何因見笑。或可有心將爲惡事。　二者。苾芻入宮。夫人有娠。王生是念。豈非苾芻共爲惡行令其有娠。　三者。苾芻入宮。王失珍寶及諸寶類。王作是念。豈非苾芻偷竊我物。　四者。王有密語聞徹於外。王作是念。豈非苾芻傳通密語。　五者。苾芻入宮。王瞋太子遷移職位。太子念曰。豈非苾芻於王讒搆。令我今時致此憂戚。　六者。苾芻入宮。太子於父為不義事。諸人聞已。豈非苾芻傳通密語令失孝義。　七者。苾芻入宮。王之所重尊勝大臣被黜職位。便作是念。豈非苾芻於王讒說。令我墮在不如意處。　八者。卑位大臣王與重賞。諸人議曰。豈非苾芻為其薦達。　九者。王數出師征伐餘國。人皆議曰。豈非苾芻共王論說。數令我等征伐疲勞。　十者。苾芻入宮。王出征伐告戰士曰。其所得者悉皆自屬。後既平殄王便卻奪。諸人議曰。此是苾芻教王奪我佛。告諸苾芻以此因緣不應輒入宮內。或令四兵不得安隱。此非苾芻之所應作。

第八十二捉寶物戒

若比丘若寶及寶莊飾。自捉若教人捉。除僧伽藍中及寄宿處。波逸提。若比丘在僧伽藍中。若寄宿處捉寶。若以寶莊飾自捉教人捉。當作是意。若有主識者當取。作如是因緣非餘。

〔緣起〕此戒有三制。佛在舍衛國。給孤獨園。有外道弟子在路行止息道邊。忘千金囊而去。時有眾多比丘後來。亦於道邊止息。見此金囊自相謂言。為且持去。若有主識者當還。彼行數里乃憶疾還。即出囊與之。彼反謂少。往啟波斯匿王。王審知其偽。即稅其家財並金入官。有樂學戒慚愧者聞知。嫌責諸比丘。云何自手捉金銀。使居士為官治罪。并稅家財。因是白佛。此初結戒也。時毘舍佉母入祇桓精舍。脫身瓔珞置於樹下。往禮世尊。佛為說法。心存於法。忘取還家。比丘見已。畏恐犯戒不取。白佛。佛聽在僧伽藍內見有遺物。爲不失故當取舉之。復加除僧伽藍中之語。此第二結戒也。又眾多比丘途路行。次至一無住處村。寄宿巧師空舍。時彼巧師有已成未成金銀置舍而去。諸比丘爲守護故竟夜不眠。諸比丘以此因緣具白世尊。佛聽在他家止宿時。若屋中有物。爲不失故應收舉。復加及寄宿處之語。乃第三結戒也。此是遮罪。由珍寶事止貪煩惱。制斯學處。

〔釋義〕文分二節。若比丘下。明其創制。除僧伽藍等。

明其隨開。律云寶者。金銀眞珍。琥珀。硨磲。碼碯。瑠璃。貝玉。生像金。寶莊飾者。銅鐵鉛錫白鑞。以諸寶莊飾也。根本律云寶類者謂諸兵器弓刀之屬及音樂鼓笛之流僧伽藍者。此言衆園如上又翻爲衆院院是順此方之稱乃舍宅庭館之名今稱僧住處爲寺者寺亦此方公院之名諸侯所止之處昔西僧初來權止鴻臚寺後造白馬精舍而請居之居止雖遷以不忘其本還標寺號自此以來皆稱曰寺寄宿處者。謂寓宿白衣之舍也當作是念等者。正明隨開之義謂在僧寺中及寄宿處雖聽自捉敎人捉金銀七寶必要先存其念豪無貪愛之心若有主來識認者我便與之然後當取也作如是因緣非餘者。謂除如是作念還主因緣更無餘方便得捉也結罪是中犯者。若自捉教人捉。波逸提。　若在僧寺中。若在俗舍內。若寶若寶莊飾自捉若教人捉。當識囊器相。識裹相。識繫相。應解囊器看知幾連綴。幾未連綴。幾方幾圓。幾故幾新。若有求索者應問。汝物何似。若相應應還。若不相應語言。我不見如是物。若二人俱來索亦如是問答。若二人語俱相應。應持物著前語言。是汝等物各取。若不爾者。一切突吉羅。　此戒具三緣方成本罪。一是眞七寶及寶莊嚴具。二無開緣。三自捉教他捉。

兼制比丘尼波逸提。同制同學式叉摩那沙彌。沙彌尼突吉羅。是為犯。

隨開不犯者。若是供養塔寺莊嚴具。為堅牢故收舉。乃至最初未制戒等。是為不犯。

會採根本律云。若自手使人捉諸寶物。已磨治者皆得墮罪。未磨治者。皆得惡作。乃至捉假瑠璃亦惡作。　若捉嚴身瓔珞之具。皆得墮罪。乃至麥莛結為鬘者。捉亦惡作。　若捉琵琶等諸雜樂具。有絃柱者。便得墮罪。乃至竹筒作一絃琴執亦惡作。

若諸螺貝是堪吹者。捉得墮罪。不堪吹者。亦得惡作。諸鼓樂具堪與不堪。得罪輕重亦同。若執弓時有絃彍者。便得墮罪。無者惡作。若刀有刃。箭有鏃頭。皆得本罪。異斯惡作。

十誦律云。捉僞珠突吉羅。若人間金銀寶地牀座。比丘不應行坐用。天上金銀寶地牀座。比丘應坐用。

根本雜事云。不應於寶器中食。或往天上或至龍宮。無餘雜器者。設金寶器亦應取用。若果證無漏方能天上海

中隨意赴供以其無餘雜器故開若在人間器多磁瓦是故全遮縱得無漏眞聖必須遵守佛制以凡聖同軌故

律攝云。若月光珠及日光珠。爲出水火觸亦無犯。

此戒大乘爲衆生故。不問處所。但約機緣。

〈引證〉律攝云。佛在鷲峯入城乞食。遇大雨水蕩崖崩。有伏藏現。告阿難陀。汝應觀此。是大害毒。阿難言實是可畏毒。有一採根果人聞而往觀。見是伏藏。念言願此害毒。恆螫於我父母妻子眷屬亦不辭痛。遂盡持歸。隨意受用。未生怨王見其富盛。遣使往問。汝於何處得王伏藏。報言不得。捉以送王。王自問之。亦云不得。王卽準法繫其眷屬將付屠人。彼人悲泣隨屠者去。高聲大喚。阿難陀此是害毒。此是害毒。將刑有言。法須返奏。王便喚返問之。彼人具答昔緣。王時初信佛法。不覺流淚告曰。汝緣世尊獲斯珍寶。罪雖合死。我今釋汝并及眷屬。應將此物供養佛僧。既蒙釋免。遂辦上供奉請佛僧。佛爲說法。便獲初果。緣此不聽比邱捉寶。

〔附考〕律攝云。若於寺外見他物時。以葉草等蓋覆令密。不應以此爲輕棄心。無主來索。收歸住處私自舉掌。經七八日無人索者。收貯僧庫。經五六月又無索者。應供僧伽買堅牢器具。若後主索。應勸諭彼令施僧伽。若不肯施。應酬本直。若索利者。應告之曰。由佛制戒還汝本物。更索其利。是所不應。

僧祇律云。比丘見寶物若無人識者。應停至三月已。若塔園中得者。卽作塔用。若僧園中得者。當作四方僧用。若來索者。問答相應。應集眾人出寶示言。長壽此是汝物不。若言是。應教言汝歸依佛法僧。若世尊不制戒者。汝眼見猶不可得。若云更有餘物。應言長壽我止得此。更不見餘。汝是惡人。汝但得此已爲過多。云何方便妄索餘物謗人。若世尊不制戒者。汝尙不能見此物而況得耶。若如是猶復不了者。應將至優婆塞邊語言。我本止得此物盡以還歸。而今方見誣謗。爾時優婆塞應罵言。子汝得此物已爲過多。而今反謗比丘。汝但去。我當與汝作對斷理此事。若是貴重寶物無人來索者。至三年如上隨所得處當界用之。　若故壞僧房塔院欲更修治，掘地得寶藏者。淨人不可信，應白王。王若須應與，若施應用。設已用，王知索者，應乞塔物僧物還。若有淨人可信者，得取停至三年已。用作塔事僧事如上。　若寶藏上有鐵券姓名，亦應如實答。作新僧房得物亦爾。

善見律云。若寺內得遺寶，為掌護故。若去時應付與知法畏罪者。囑言有主來索當還。若久無主得僧舍用。後主來索，應將示僧房言。此是檀越物。若不允施，欲得本者。應語信心居士及廣敎化之。

第八十三非時入聚落戒

若比丘非時入聚落。不囑比丘者。波逸提。

〔緣起〕此戒二制。佛在舍衛國。給孤獨園。時跋難陀非時入村。與諸居士共摴蒱。賻戲也居士不勝。以慳嫉故。便言比丘晨朝入村爲乞食故。非時入村爲何事耶。諸比丘聞。嫌責跋難陀。具白世尊。此初結戒也。復因比丘中或有僧事塔寺事。或瞻病事等。佛聽有事緣囑授已入聚落。故加不囑比丘之語。此第二結戒也。由入村事招俗譏謗。制斯學處。

〔釋義〕律云時者。從明相出至中。非時者。從中後至明相未出。律攝云非時有二種分齊一過午二明相未出聚落者。有四種村如上。不囑比丘者。謂不告知餘比丘也若有僧事塔事瞻病等事。當囑授餘比丘而去。若獨處一房當囑授比房。應作如是囑。至一比丘所具儀云。大德。一心念我某甲比丘非時入聚落。至某城邑聚落某甲舍。前人答言可爾。

〔結罪〕是中犯者。若非時入村不囑授。動足初入村門。波逸提。　一足在門內一足在門外。方便欲去而不去。若期不去。一切突吉羅。此戒具四緣方成本罪。一心存放逸。二時已過午。三無緣不白。四已入聚落。

兼制 比丘尼波逸提。同制 同學 式叉摩那。沙彌。沙彌尼突吉羅。是爲犯。

隨開 不犯者。若道由村過。若有所啟白。若爲喚。若受請。若爲勢力所執。或被繫縛將去。或命難梵行難。及最初未制戒等。是爲不犯。

會採 十誦律云。餘比丘者。謂眼所見。諸凡告白應與前人面對方成故云眼所見也若白已入聚落還所住處。卽已先白復至聚落。波逸提。　若不白入聚落。隨所經過大小巷隨得爾所突吉羅。　隨入白衣家。一一波逸提。

若八難中一一難起不犯。

薩婆多論云。若寺在聚落外不白出寺。至城門犯突吉羅。

僧祇律云。若二比丘在阿練若住。欲行展轉相告。若一人說已行。後人復欲行應白餘比丘。若無餘比丘。應作是念若道中。若門。若聚落邊。見比丘當白。白已然後入。

摩得勒伽云。若無比丘應白比丘尼。式叉摩那。沙彌。沙彌尼。此謂或遇尼三眾白之非是特往尼寺中白也

律攝云。若無苾芻。囑餘俗人者無犯。謂寺家淨人也

此戒大乘同學

第八十四作高牀戒

若比丘作繩牀木牀。足應高如來八指除入陛孔上截竟若過者波逸提。

（緣起）佛在舍衛國。給孤獨園。時迦留陀夷預知世

尊必從此道來。卽於道中敷高好牀座。請佛觀看。佛集諸比丘告云。此癡人內懷弊惡敷高廣大牀。但自爲已。訶責迦留陀夷與衆結戒。由卧具事憍恣煩惱。制斯學處。

（釋義）律云牀者。有五種。旋脚牀。直脚牀。曲脚牀。插脚牀。無脚牀。如來八指者。薩婆多論云八指者除如來一指二寸也入陛孔上者。謂除牀脚上入陛木下高八指也截竟者。謂量過八指應須截卻已方若過者。謂高過八指受用也卽非應制也

（結罪）是中犯者。自作敎人作成者。盡波逸提。自

作教人不成。盡突吉羅。　此戒具三緣方成本罪。一慢教憍恣。二過量愛好。三作牀已成。

（兼制）比丘尼波逸提。同制同學式叉摩那。沙彌。沙彌尼突吉羅。是爲犯。

（隨開）不犯者。若是高八指。若減八指。若他施已成者截而用之。若脫卻腳。及最初未制戒等。是爲不犯。

第三分云。除寶牀。餘在白衣舍應坐。西域國風無諸椅櫈唯以小牀於上趺坐牀言寶者乃王及大臣長者所用

〔會採〕十誦律云。應截已悔過。若未截僧應敕令截。不敕不聽。皆突吉羅。

五分律云。得高牀施應作是念。此牀不如法我當更截。不作是念受波逸提。

僧祇律云。若自作終日坐上。一波逸提。起已還坐。一一波逸提。他牀而坐上越毘尼罪。若客比丘來次第付得過量牀。應語知事言。借我鋸來。問作何等。答言此牀過量欲截如法。若言莫截檀越見或不喜若不久住。鑿地埋腳齊量止。若久住應齊埋處木筒盛腳。勿使壞。　若檀越家坐牀腳高。不得懸腳坐。應索承机或索磚木承足。若福德舍中牀高坐者無犯。福德舍即施一食處此以護他心故爾隨開也薩婆多論云。此所以不入捨墮者。以截斷故。截使應量入僧中悔。

此戒大乘同學。

第八十五兜羅綿貯褥戒。

若比丘作兜羅綿貯繩牀木牀大小褥。成者波逸提。

〔緣起〕佛在舍衛國。祇桓精舍。時六羣作兜羅綿貯繩木牀大小褥。諸居士見譏。謂無慈心斷眾生命。亦如王臣。諸比邱聞。白佛結戒。亦由臥具事憍恣煩惱。制斯學處。

【釋義】律云兜羅綿者。白楊樹華。楊柳樹華。蒲臺華。兜羅綿或云妬羅綿妬羅是樹名綿從樹生因而立稱如云柳絮也　薩婆多論云兜羅綿者是草木華綿之總名也所以本律以白楊華等釋之 貯者。律攝云謂於牀上敷布其綿便用布褌隨時掩覆 大褥者。為坐臥故。小褥者。為坐故。薩婆多論云兜羅綿以是貴人所畜故人所嫌故喜生蟲故又若臥軟煖上後得寒及粗硬不堪忍故所以制之不聽

【結罪】是中犯者。若自作教他作成者。盡波逸提。

自他作不成盡突吉羅。若爲他作成不成。一切突吉羅。此戒具三緣方成本罪。一有憍貪慢故心。二是兜羅綿。三自他作貯已成。

兼制比丘尼波逸提。同制同學式叉摩那。沙彌。沙彌尼突吉羅。是爲犯。

隨開不犯者。若鳩羅耶草。文若草。婆婆草。若以毳劫貝碎弊物。若用作支肩物。及最初未制戒等。是爲不犯。

會採五分律云。若坐。坐坐波逸提。若卧。卧卧波逸提。若他與受波逸提。要先棄。然後悔過。若不爾罪亦深。

十誦律云。擿破卻之。然後悔過。若未破僧應敕令破。

根本律云。若僧私牀座以木綿等散貯者。皆得墮罪。

絮應撤去。罪應說悔。對說罪者應可問言。絮撤去未。若不問者。得惡作罪。

僧祇律云。若貯枕枕頭支足。越毘尼罪。若病無罪。

此戒大乘同學

毘尼止持會集卷第十三終

音義

挃音質撞也謂手指觸挃之閾音域門限也謂門下橫木爲內門之限也閤音蛤內中之小門也輦連上聲人步挽車駕人以行曰輦輿車也黜音出貶斥也莛音亭草莖也[弓*贊]音讚弓紘也鏃音贖利也今爲箭鏃白楊樹華楊樹略有四種白楊葉圓如梨皮白木似楊故名白楊其青楊葉長赤楊霜降則葉赤材理亦赤黃楊木性堅緻難長楊柳華是垂條細柳也本草云直木高丈餘許秋瘁春榮初生有黃蘂者是華華漸乾絮方出謂之柳絮人收取之以爲裀褥絮之下有黑子隨絮而飛得水濕處便生飛入池沼於陰暗處即爲浮萍人

常以器盛水置絮其中數日覆之卽成多積亦可以捍作氈以代羊毛也極柔輭清涼之甚宜與小兒臥加以性涼也

蒲臺華 或云蒲梨華蒲應作蒱箄音單臺應作薹臺是夫須草也禪衣無裏也

鳩羅那草 未見翻

文若草 十誦律云文闍草五分律云文柔草皆一也

娑婆草 或云婆婆草此草甚柔輭翻云膩

支肩 支猶薦也

毘尼止持會集卷第十四

金陵寶華山弘律沙門讀體集

第八十六作骨牙角鍼筒戒

若比丘作骨牙角鍼筒。刳刮成者。波逸提。

緣起佛在羅閱城。靈鷲山中。時有信樂工師為比丘作骨牙角鍼筒。以是故廢家事業。財物竭盡無復衣食。世人譏其求福得殃。有慚愧比丘聞知。白佛結戒。由鍼筒事譏嫌煩惱。制斯學處。

釋義作者。若自作若遣人作　骨牙角者。僧祇律云骨者象馬牛駝龍骨等牙者象魚豬牙等角者牛犀鹿羊角等鍼筒者。是比邱六物中之一也有二種作一筒形二合形若用上三種作此二形皆不聽律攝云鍼筒有二種應畜一葦二鐵復有四種應畜謂銅鐵鍮石及以赤銅剜刮者。剜謂剖內以空其中刮謂刻削其外以瑩其表也

〔結罪〕是中犯者。自作教他成者。盡波逸提。若自若教他作。作而不成。盡突吉羅。此戒具三緣方成本罪。一有貪愛心。二是骨牙角。三作成受用。

〔兼制〕比邱尼波逸提。同制式叉摩那。同學沙彌沙彌尼突吉羅。是為犯。

〔隨開〕不犯者。用鐵銅鉛錫白鑞。竹木葦草作。及最

初未制戒等。是爲不犯。

〔會採〕十誦律云。應破已悔過。若未破。僧應敕令破。根本律云。應打碎其罪說悔。其所對之人應問云。爾鍼筒打碎未。若不問者。得惡作罪。薩婆多論云。以是小物故。所以不入三十事。又應破故。若還主。主不受。若與他則生惱。施僧則非法。惟毀棄也。

此戒大乘同學。

〔附考〕律攝云。畜鍼筒者。應密藏舉。若無慚愧苾芻

及未具人借不應與。能善愛護者應與。貯畜鍼刀恐鐵生垢。應以蠟布裹之。謂炙蠟拭布帛

第八十七過量作坐具戒。

若比丘作尼師壇。當應量作。是中量者。長佛二磔手。廣一磔手半。更增廣長各半磔手。若過截竟波逸提。

緣起　此戒有二制。佛在舍衛國。給孤獨園。按行僧房。見衆僧臥具敷在露地。不淨所汚。諸比丘受供還園。世尊以此因緣集僧。告衆而訶責云。當知此汚是有欲人。是瞋恚人。是癡人。非是無欲無瞋癡

人若比丘念不散亂而睡眠。無有是事。況阿羅漢。自今已去聽諸比丘爲障身障衣障臥具故作尼師壇。六羣便廣大作。有慚愧者見知白佛。此初結戒也。時迦留陀夷體大尼師壇小不能坐。向佛所從來道邊。以手挽尼師壇欲令廣大。佛知而故問。乃聽更益廣長各半磔手。此第二結戒也。由臥具事。制斯學處。

釋義文分三節。若比丘下。明其創制。更增下。明其隨開。若過者。結成所犯。尼師壇者。亦云尼師但那唐言敷具或云隨坐衣又云襯足衣謂坐臥時敷於坐臥之上隨坐隨臥無令垢穢汚於臥具所以制意本爲障身障衣障臥具故　事鈔云爲身者恐坐地上有所損故次爲衣者恐無所藉三衣易壞故爲臥具者恐身不淨汚僧牀褥故　量者。是所制數量以定廣長之式也長佛二磔手。廣一磔手半。佛一磔手唐尺一尺六寸謂長量三尺二寸廣量二尺四寸　更增廣長各半磔手者。半磔手八寸也謂廣長正量之外各增益八寸此則長量有四尺廣量有三尺二寸足堪坐臥也　截竟者。謂不依量而作當令截卻如量罪應求悔也

結罪是中犯者。若長中過量廣中不過。廣中過量長中不過。廣長俱過量。自作。若教他使作。成者盡波逸提。　作不成者。盡突吉羅。　此戒具三緣方

成本罪。一心貪廣長。二故慢聖制。三作已成。

【兼制】比丘尼突吉羅。同制別學式叉摩那。沙彌。沙彌尼突吉羅。是為犯。

【隨開】不犯者。應量作。減量作。若從他得已成者截割如量。若疊作兩重。及最初未制戒等。是為不犯。

【會採】十誦律云。應截截斷已悔過。若未截僧應敕令截

僧祇律云。若過量者。截已波逸提悔過。不截而悔越毘尼罪。此不截而悔罪治不敕不聽

此戒大乘同學。

附考根本羯磨云。時有苾芻以雜色物作尼師但那守持長留縷繢。繢音繢織餘也時婆羅門及諸俗侶便生譏笑。佛言凡爲坐具。應作兩重染令壞色。

第三分云。必須截斷縫刺爲葉。四邊帖緣。

律攝云。尼師但那應兩重作。疊爲三分。在下一分應截斷作葉。與三衣葉同。所以南山錯裁臥具天人指受葢式如此也

十誦律云。新者二重。故者四重。不應受單尼師壇先受者不應捨。

僧祇律云。聽兩重作。不得趣爾厭課持小故氎覆。課者試也謂厭用也及疊量。縮量。水濕量。欲令乾已長大。若用欽婆羅一重作。劫貝二重作。此是隨坐衣。不得作三衣。不得淨施。取薪草盛雜物。唯得敷坐。若道路行得長疊著衣囊上。肩上擔至坐處。取坐之。若置本處當中掩之。欲坐徐舒。先手按後方坐。

義淨師注云。此中制意者。尼師但那本為襯替臥具。恐有所損。不擬餘用。然其大量與自身等。頂上餘有一磔手在。斯乃正與臥具相當。若其量小不

堪替臥。又按諸部。多云長中增一磔手。唯本律文云。更增廣長各半磔。今故贅之俾曉

根本律云。長中更增一張手。

十誦律云。縷邊益一磔手。

薩婆多論云。聽益縷際者。謂從織邊。唯於一頭更益一磔。

五分律云。續方一磔手。謂截作三分。續長頭。餘一分帖四角。不帖則已。

僧祇律云。益磔者。二重三重對頭卻刺。

第八十八過量作覆瘡衣戒

若比丘作覆瘡衣。當應量作。是中量者。長佛四磔手。廣二磔手。截竟過者。波逸提。

（緣起）佛在舍衛國。給孤獨園時。諸比丘患種種瘡。膿血汚身。汚衣。汚臥具。佛聽畜覆瘡衣。所作衣麤。多毛著瘡。舉衣患痛。白佛。復聽以大價細軟衣覆瘡上。後著衣裙。若至白衣家請坐時。應語言我有患。若言但坐。當褰上涅槃僧。以此衣覆瘡而坐。時六羣聞已。便多作廣長覆瘡衣。諸比丘見知。白佛結戒。由過量而作。制斯學處。

〔釋義〕文分二節。若比丘下。明制衣量。截竟等。結成所犯。律云覆瘡衣者。有種種瘡病持用覆身。長佛四磔手者。謂長量六尺四寸　廣二磔手者。謂廣量三尺二寸　截竟等如上。

〔結罪〕是中犯者。若長中應量廣中不應量長中不應量廣中應量。若廣長俱不應量。自作教人作成者盡波逸提。　若不成盡突吉羅。　若為人作。成不成盡突吉羅。　此戒具三緣方成本罪。一有貪慢心。二過量作成。三自他作竟。

兼制比丘尼突吉羅。同制別學式叉摩那。沙彌。沙彌尼突吉羅是爲犯。

隨開不犯者。應量減量作。若從他得裁割如量。若疊作兩重。及最初未制戒等。是爲不犯。

會採僧祇律云。此覆瘡衣。是隨身衣。不得作三衣及淨施。乃至雜用。瘡瘥已得作三衣。及淨施餘用。十誦律云。乃至瘡瘥後十日。若過是畜波逸提。此恐譯筆之誤應同長衣犯捨墮應截斷悔過。若未截僧應敕令截。

僧祇律云。若過量截已悔過。不截而悔越毘尼罪。不截亦兼能所

此戒大乘同學。

〔附考〕按根本部令如法受持。既受持已則無長衣之過。向一如法苾芻所。具儀言云。大德。一心念我苾芻某甲此覆瘡衣應量作。今受持。三說 彼應報言爾。答云善。準此則十誦筆誤可知

第八十九過量作雨浴衣戒

若比丘作雨浴衣當應量作。是中量者長佛六磔手。

廣二磔手半。過者截竟。波逸提。

緣起 佛在舍衛國。給孤獨園。時六羣比丘聞毘舍佉母請願。佛聽諸比丘作雨浴衣。輒多作廣大雨浴衣。有樂學戒者嫌責。白佛結戒。由雨衣過量。制斯學處。

釋義 律云。雨浴衣者。諸比丘著在雨中洗浴用覆身故。長佛六磔手者。謂長量九尺六寸 廣二磔手半者。廣量四尺 截竟如上。

結罪 是中犯者。若長中不應量廣中應量。長中應量廣中不應量。若廣長俱不應量。自作。教他作。成者盡波逸提。不成者盡突吉羅。若爲人作。成不成盡突吉羅。此戒具三緣方成本罪。一是雨浴衣。二故過量作。三作已成。

兼制比丘尼突吉羅。尼無雨浴衣按尼律中唯聽畜浴衣若過量犯波逸提式叉摩那。沙彌。沙彌尼突吉羅。是爲犯。

隨開不犯者。應量減量作。若從他得裁割如量。若疊作兩重。及最初未制戒等。是爲不犯。

會採十誦律云。應截斷。已悔過。若未割截。僧應敕令割截。

僧祇律云。不截而悔。越毘尼罪。

此戒大乘同學。

第九十等佛衣量戒。

若比丘與如來等量作衣。或過量作者。波逸提。是中如來衣量者。長佛十磔手。廣六磔手。是謂如來衣量。

〔緣起〕佛在釋翅搜尼拘類園。尊者難陀此是佛弟難陀短佛四指。諸比丘遙見來。皆謂是佛。卽起奉迎。至乃知之。彼此俱懷慚愧。佛聽難陀著黑色衣以別之。

謂以黑泥染成壞色　薩婆多論云佛衣色如金
詰施加毛氎色亦爾故難陀宜當覆沙覆沙此翻
壞色時六羣與如來等量作衣或過量作諸比丘嫌
責白佛結戒根本律云鄔波難陀作大支伐羅縫
刺既竟但披一邊餘聚肩上詣諸住
處因招譏過制斯學處　此由身小
衣大不相應故所以半披半聚肩上

釋義文分二節若比丘下明其所犯是中下正明
衣量律云衣者有十種如上如來者是佛十號之
首謂凡夫來
而不如聲聞如而不不來唯世尊來而
能如如而能來有異凡夫聲聞也如來衣量等
者長佛十磔手準今一丈六尺廣六磔手有九尺
六寸寬　薩婆多論云佛衣量佛身丈六常人
半之衣量廣
長皆應半也

〔結罪〕是中犯者。若比丘等如來衣量。長中不應量廣中應量。廣中不應量。長中應量。若廣長中俱不應量。自作。教他作。成者盡波逸提。自他作。不成盡突吉羅。若爲他作。成不成盡突吉羅。此戒具三緣方成本罪。一有慢教心。二貪廣長。三過量作成。

〔兼制〕比丘尼突吉羅。（同制別學）式叉摩那。沙彌。沙彌尼突吉羅。是爲犯。

〔隨開〕不犯者。若從他得作成衣。當截割如量。若不割截疊作兩重。及最初未制戒等。是爲不犯。

〔會採〕十誦律云。應截已悔過。若未截。僧應敕令截。

僧祇律云。若不截而悔過。越毘尼罪。

此戒大乘同學。

〔附考〕僧祇律云。當隨自身量。僧伽梨有三種。上者。長五肘。廣三肘。肘者從臂節腕至舒指尖爲一肘。中人一肘一尺八寸 中者。長五肘一不舒手。謂四肘舒指尖 廣三肘一不舒手。一肘拳手也 下者。長四肘半。廣三肘一不舒手。欝多羅僧亦復如是。安陀會上中二種亦爾。下者。長四肘半。廣二肘。一不舒手。

律攝云。總有三品僧伽胝衣。上者。用自肘量竪三橫五。下者。各減半肘。二內名中。七條五條亦有三品。並同此量。　復有二種五條衣。竪二橫五。竪二橫四。但蓋三輪。是謂守持衣極之小量。謂上但蓋臍下掩兩膝若肘長者則與此相當如臂短者不及於膝宜依肘長爲準　若身長大而肘短者。依身爲量。不依肘量。若翻此者。亦依身量。

五分律云。肘量長短不定。佛令隨身分量。　本律云。度身而衣。

五九十波逸提法竟

（六波羅提提舍尼法）有四條。然此皆由貪故。而長貪惑。壞他信敬。故佛禁之。波羅提提舍尼者。此無正翻。事鈔準義翻云。向彼悔。然一切罪皆應向他說悔。何故此中獨名向彼悔。

根本律攝云。謂於住處現有苾芻。皆須一一別對陳說。不同餘罪。故受別名。又犯罪已。卽須陳說。不得停息。亦異餘罪。

按僧祇十誦及本部。此罪應向一人邊一說。發露悔過。罪便得除也。

經云。犯波羅提提舍尼。如三十三天壽千歲墮泥犁中。（人間一百年彼天一晝夜）於人間數三千六百萬歲。此泥犁即黑繩地獄。謂以熱鐵繩絣量肢體。後方斬鋸故。

第一受非親里尼食戒

若比丘入村中。從非親里比丘尼若無病自手取食食者。是比丘應向餘比丘悔過言。大德我犯可訶法。所不應為。我今向大德悔過。是法名悔過法。

〔緣起〕此戒有二制。佛在舍衛國。給孤獨園。時世穀貴人民饑餓。乞求難得。蓮華色比丘尼初日乞所得食。持與比丘。二日三日亦如是。復持鉢入城乞食。路逢長者乘車覲王。從者驅人。尼因避道墮深泥中。面掩地而臥。長者慈愍。敕人扶出。問知其故。乃嫌責比丘不知義讓。即請尼還家。浣衣供食。語言自今已去。可常在我家食。勿復餘去。若外有所得者。隨意與人。諸比丘聞知白佛。世尊集十句義。初爲僧結戒也。時諸比丘皆有疑。不敢取親里尼食。復有諸病比丘不敢受非親里尼食。佛皆聽之。

故有非親里及無病自手取食之語。此第二結戒也。由苾芻尼事譏嫌煩惱。制斯學處。乃初篇殺根本種類。

〔釋義〕文分二節。若比丘下。明所犯之事。是比丘下。明悔過之法。入村中者。言村中揀非村外空處。村有四種如上明非親里比丘尼者。親里如上尼既非親則不應向彼求索無病自手受食者。無病則無開緣　僧祇律云病者不謂小病謂疥癩黃爛瘡痍癰痤人所惡賤　自手取食者揀非置地與使人授與謂是自手或持器從他受取二五食以吞咽也是比丘者。卽犯過之人餘比丘者。謂善受具足持戒之人可訶法者。謂所作非善是佛遮止既違所制理應訶責也所不應爲者。謂非知足慙愧比丘所應爲也今向大德悔過者。謂不敢隱覆自言以雪其所犯也是法名悔過法者。此句結歸篇聚之名令知守持善見律云此戒體無罪名一人邊一說悔過

〔結罪〕是中犯者。若不病而自手受如是食食咽咽波羅提提舍尼。此戒具五緣方成本罪。一尼非親里。二非親尼想疑。三自身無病。四村中自取。五隨食入咽。

〔兼制〕比丘尼突吉羅。同制別學式叉摩那。沙彌。沙彌尼突吉羅。是爲犯。

〔隨開〕不犯者。受親里尼食。若有病。若置地與。若使人授與。若在僧伽藍中。若在村外。在村外聽者由犯緣於城中發起也若在比邱尼寺內與。及最初未制戒等。是爲不犯。

〔會採〕五分律云。若比邱在村外尼在村內。若比邱在村內尼在村外。若比邱在空尼在地。若尼在空比邱在地。皆突吉羅。

薩婆多論云。若一時取十五種食。一波羅提提舍尼。若一一取。十五波羅提提舍尼。十五種食謂五正食非五

正食及麥粟稻麻菽未作麨飯餅盡名五似食

律攝云實非親尼作親尼想及疑皆得本罪。親作非親想及疑皆得突吉羅。於親作非親想無犯。

此戒大乘不問親里非親但觀可受不可受然在末法世更宜與尼疏絕爲善。

第二不止尼代索食戒

若比丘至白衣家內食是中有比丘尼指示與某甲羹與某甲飯。比丘應語彼比丘尼如是言大姊且止。

須比邱食竟。若無一比邱語彼比邱尼如是言。大姊且止須比邱食竟者。是比邱應悔過言。大德我犯可訶法。所不應爲。我今向諸大德悔過。是法名悔過法」。

〈緣起〉佛在舍衛國。給孤獨園。有衆多比邱與六羣在白衣家內共座食時。六羣尼與六羣索羹飯語言與此羹與此飯。而捨中間不與乃越次與諸比邱聞中有少欲者嫌責六羣。白佛結戒。由飲食事譏嫌煩惱。制斯學處。乃初篇妄根本種類。

〈釋義〉文分三節。若比邱下。明受食之儀。若無一比邱下。明所犯之事。是比邱下。明悔過之法。指示者。謂處分其事也與者。謂非平等行食乃越次偏與也羹飯者。顯非粗食也大姊且止者。女兄曰姊律制比邱稱諸尼眾通言大姊且止二字是出訶止之言止其少停須待眾人食竟也若無一比邱等者。謂現前大眾中乃至無一人訶止彼比邱尼是食比邱卽得本罪向諸大德悔過者。謂是食比邱應對現前眾比邱說悔其罪不同餘三戒但對一人邊露悔卽得除滅故云向諸大德悔過也

〔結罪〕是中犯者。若無一比邱訶止而食者。咽咽波羅提提舍尼。　此戒具四緣方成本罪。一是白衣家。二比邱尼指示。三不遮令止。四受食入咽。

〔兼制〕比丘尼突吉羅。同制別學式叉摩那沙彌。沙彌尼突吉羅。是爲犯。

〔隨開〕不犯者。若語言且止。若比丘尼自爲檀越。若檀越設食令比丘尼處分。若不偏爲與此置彼及最初未制戒等。是爲不犯。

〔會採〕僧祇律云。語言大姊小止。須諸比丘食竟。若止者善。若不止者。若二若三語。若不語受者。越毘尼罪。　食犯悔過法。

薩婆多論云。若二部僧共坐。一部僧中若有一人語是比邱尼者。第二部僧亦名爲語。　若別入。別坐。別食。別出者。是中入檀越門比邱。應問出比邱。何比邱尼是中教檀越與比邱食。若言某。應問約敕未。答言已約敕。是入比邱亦名約敕。　有諸比邱出城門時。有比邱入者。應問出者。若出未約敕。入者應約敕。若出約敕。入者亦名約敕。
五分律云。若式叉摩那沙彌尼教益食。不語言小
御者。突吉羅。
此戒大乘同學

（附考）按本部及僧祇部。若衆中無一比丘訶止。一切比丘食者皆得罪。而僧祇惟令向一人悔過。準義須知。若食者是下座。應依本部。若食者是上座。當如僧祇。

第三學家受食戒

若先作學家羯磨。若比丘於如是學家先不請。無病自手受食食。是比丘應向餘比丘悔過言。我犯可訶法。所不應為。我今向大德悔過。是法名悔過法。

（緣起）此戒有二制。佛在羅閱城耆闍崛山中。有居士家夫婦俱得信樂爲佛弟子。然諸佛見諦弟子常法。於諸比丘乃至身肉無所愛惜。常與供養。遂貧窮衣食乏盡。比居諸人皆云家先大富。從供養沙門釋子已來貧窮乃爾。有少欲慚愧比丘聞知白佛。佛聽僧與居士作學家白二羯磨。此羯磨法於作持中明故制云若比丘知是學家與作羯磨竟。而在其家受飲食食。當向餘比丘悔過。此初結戒也。於是比丘中先受學家請。皆有疑不敢往。復有病比丘有疑不敢受學家請。佛俱聽之。故加先不受請無病自手受食之語。此第二結戒也。由乞食事譏嫌煩惱。制斯學處。乃初篇盜根本種類。

〔釋義〕文分二節。若先作學家羯磨下。明所犯之事。是比丘下。明悔過之法。學家者。律攝云。謂預流果一來果不還果以其初二三果或漏未盡還須學斷故名為學家乃四姓之家惟此學人處在居家而獲果證若阿羅漢名無學人必要遠離欲愛盡諸有漏方證四果非處居家而能獲也羯磨者。謂彼夫婦俱證聖果於三寶中無所慳惜家事貧乏僧乃為作遮護法不至其家而受飲食不同治罪遮不至白衣家法也如是學家者。謂僧已作羯磨之學家也先不受請無病者。謂雖與作羯磨而彼未請亦非有病則無開緣也

〔結罪〕是中犯者。先不受請又無病。於如是學家中自手受飲食者。咽咽波羅提提舍尼。　此戒具三緣方成本罪。一是羯磨學家。二不請無病。三受食入咽。

〔兼制〕比丘尼突吉羅。（同制別學）式叉摩那。沙彌。沙彌尼突吉羅。是爲犯。

〔隨開〕不犯者。若先受請。若有病。若置地與。若從人受取。若學家施與。後財物還多。彼從僧乞解學家羯磨。及最初未制戒等。是爲不犯。

此戒大乘同學。

〔附考〕五分律云。若婦是聖夫是凡。或夫是聖婦是凡。皆不應與作學家羯磨。若夫婦俱是聖無慳貪心。財物竭盡乃與作學家羯磨。若僧有園田應與令知。使畢常限。餘以自供。若無園田。乞食得已就其家食。與以所餘。若不能爾。應將至僧坊給其房舍臥具。次第與食非時漿飲皆悉與之。有可分衣亦應與分。彼學家婦女。諸尼亦應如是料理。

第四恐處受食戒

若比丘在阿蘭若。迥遠有疑恐怖處。若比丘在如是阿蘭若處住。先不語檀越。若僧伽藍外不受食。在僧伽蘭內無病自手受食食者。應向餘比丘悔過言。大德我犯可訶法。所不應爲。我今向大德悔過。是名悔過法。

（緣起）此戒有二制。佛在釋翅搜國。尼拘類園中。時舍夷城諸婦女持飲食詣僧伽藍中供養。盜賊聞之。於道路嬈觸。諸比丘白佛。佛言自今應語諸婦女莫出。道路有賊恐怖。若已出城。應語言莫至僧伽藍中。道路有賊恐怖。此初結戒也。時諸檀越先知有疑恐怖而故持食來。諸比丘有疑不敢受。復有病比丘亦疑不敢受。又有施主以食置地與。若教人與。諸比丘疑不敢受。佛皆聽之。更加先不語檀越及無病自手受食之語。此第二結戒也。由飲食事譏嫌煩惱。制斯學處。乃初篇婬根本種類。

〔釋義〕文分二節。若比丘下。明所犯之事。應向餘比丘下。明悔過之法。律云阿蘭若處者。去村五百弓。謂一拘盧舍卽五里也　律攝云此據緣起作是言若更遠處亦同此處疑恐怖者。疑有賊盜恐怖。檀越者。檀是梵語。此翻爲舍。越是華言。謂其能破慳嫉。行於捨施。自可越渡貧窮之海。後獲巨富。而引生福德資糧也。病者。僧祇律云。下病冷病風病。不堪出外。前之三戒。由在聚落家內成犯。此戒因在寺中生過故也。

（結罪）是中犯者。若阿蘭若比丘。在如是迥遠處住。若先不語檀越。於僧伽藍外不受食。僧伽藍內無病自手受食食。咽咽波羅提提舍尼。　此戒具五緣方成本罪。一是在寺內。二路迥疑怖。三不先語施主。四身無病緣。五自受食入咽。

（兼制）比丘尼突吉羅。同制別學式叉摩那。沙彌沙彌尼突吉羅是爲犯。
〔隨開〕不犯者。若先語檀越若有病。若置地與。若教人與。若來受教敕聽法時。比丘自有私食令授與。及最初未制戒等。是爲不犯。
此戒大乘同學
〔附考〕按根本部及十誦律。俱令白二羯磨差一比丘爲觀察看守險路人。
薩婆多論云。若比丘受僧羯磨已。是比丘知是中有賊入。應將淨人是中立。若是中見人有似賊者。

應取是食語諸持食人莫來。是中有人似賊。若是持食强來不犯。　所差羯磨人。必使勇健多力能卻賊者。若不能卻。一切僧盡應至有賊處。若復不能。應語聚落檀越。令多人防護也。

因此戒中明阿蘭若。故錄阿蘭若行法。第三分云。清旦洗手取衣抖擻著大衣著。頭上或肩上。洗鉢放絡囊中。取革屣打露杖。持鑰出房閉戶推看牢不。若不牢應更安居（音簟戶牡所以閉戶也）　若牢應推繩著內四顧看。若無人見應藏戶鉤。若有人見應更著

隱處。或持去。在道路行應常思惟善法。若見人應
先問訊言善來。若欲入村。安鉢置地著大衣。以革
屣打露杖寄村邊。入村時應看巷相。若空處相。市
相。門相。糞掃相。入白衣家應看第一門相。乃至第
七門相。若欲正衣應向壁。右手捉杖。左手捉鉢。不
應當道住。不應屏處住。不應迎取食。若喚應往。若
得飯乾飯等不應并著一處。若是一鉢應以物隔。
若樹葉皮。若鍵鎡。若次鉢。若小鉢。匆應手巾裹。不
應選大家乞。不應强要得。若知當得應待。乞已出

村下道安鉢置地褋大衣著頭上肩上行時常思惟善法見人應先問訊善來至常所食處灑掃具水器殘食器牀座洗脚石水器拭脚巾若有餘阿蘭若比丘來應起遠迎爲取鉢與座與水器等乃至澡豆洗手已淨潔別留殘食若有婆那來應與（婆那此云賦）次授水與彼阿蘭若比丘次授食與彼食時應看供給所須鹽醋菜水扇等若日時欲過應俱食食已應爲取鉢與洗手若有餘食應與人非人等洗盛殘食器牀座等物復本處灑掃食處若

有娑那來。應語此是水。此是洗足物。此是食爲汝等故別留淸潔。欲食便食。阿蘭若比邱應善知夜時節。善知方相。善知星。不應敷好臥具。應初夜後夜警心思惟。

律攝云。非愚癡人堪住阿蘭若處。設非多聞。但明戒相亦得住。阿蘭若亦云精舍謂其處非粗暴者所止乃精練行者所居今人一無所知而云住靜深可嘆之 六四可呵法竟

〔七衆學法〕共有百條。事鈔云。律言式叉迦羅尼。義翻衆學法。謂是應學事也。

律攝云。眾學法者。謂於廣釋中所有眾多惡作惡說。咸悉攝在眾學法中。是故總言眾學法也。

薩婆多論中問曰。餘篇不言應當學。而此戒獨爾。答。餘戒易持而罪重。犯則成罪。或眾中悔。或對首悔。此戒難持而罪輕。脫爾有犯。心悔念學。罪即滅也。以難持易犯故。常慎心念學。不結罪名。直言應當學也。

經云。犯眾學戒。如四天王天壽五百歲。墮泥犁中。人間五十年彼天一晝夜於人間數九百萬年。此泥犁即等活地獄。謂諸罪人各各手生鐵爪。相摑肉墮。或獄卒唱。或冷風吹活。二緣雖異。等一活故。

斯眾學法。文句簡略。事多同軌。不繁條列科名。唯隨下贅其數目。至於緣起釋義藏卷未全。稽諸犍度皆由六羣所興。此是行護威儀。非類餘篇。故諸部中開合不等。數無一定。或百十以外。或五十以內。獨本律文具足百法。今就百法約為九例。一著衣事。二入村事。三坐起事。四食噉事。五護鉢事。六說法事。七塔像事。八便利事。九觀望事。此準律攝。唯增塔像

事以諸部中無故律攝不載

〔附考〕應當學戒。僧祇律六十七法。五分律一百八法。十誦律一百十三法。解脫戒本七十六法。此出迦葉毘部根本律四十三法。

當齊整著涅槃僧。應當學。第一

〔緣起〕佛在舍衛國。給孤獨園。時六羣比丘著涅槃僧。或高或下。或作象鼻。或作多羅葉。或時細襵。諸居士見皆共譏嫌。謂似國王大臣。亦似節會戲笑俳說人著衣。有少欲比丘聞知白佛。佛集十句義。

為僧結戒。

律攝云。衆多學法等。皆由法式事譏嫌煩惱。制斯學處。於此總出下不別明

〔釋義〕當齊整著涅槃僧者。涅槃僧亦云泥洹僧此翻云裙　當齊整著者律攝云謂離不齊整著衣之過也　律云不齊整者。或繫帶齊下。或高褰齊腰。或垂前一角如象鼻。或垂前兩角如多羅樹葉。或腰繞細襵。律攝云謂從裙邊細疊成襵腰間總攣形似多羅葉上聚下散者是也其如法著式詳載內法傳中

〔結罪〕是中犯者。若故作犯應懺突吉羅以故作故。

犯非威儀突吉羅。若不故作犯突吉羅。善見律云突者惡也吉羅者作也　應懺突吉羅是根本罪非威儀突吉羅是從生罪　謂以故作犯本罪時有乖僧儀故又從本罪上犯一非威儀突吉羅須知若犯時則根本從生二罪皆成若懺時則根本滅從生隨滅以名殊體同法無兩懺今唯約不覆藏懺法論之若犯已覆藏或一日多日方說悔者理具八品詰問有無懺法非總應前後辦制有明文慎勿相紊　若不故作犯突吉羅者此開誤犯不必對人求悔但自責其心更不再作罪則消滅今於首條詳釋重輕以下結罪準此無異　此戒應懺故作法及不故犯責心悔法皆於作持中詳明

兼制比邱尼並下三眾。突吉羅。

隨開不犯者。或時齊中生瘡下著。或腳蹲有瘡高

著。若僧伽藍內。若村外。若作時。若在道行。及最初未制戒等。是爲不犯。

〔會採〕律攝云。苾芻不依佛敎。不顧羞恥。欲爲非法者。捉衣開張。得責心惡作。若披著身。得對說惡作。若有順奉心而著衣不如法式。或時忘念。或是無知。非法著者。唯犯責心惡作。如是於餘學處。準此應知。

五分律云。若不解不問而作此著。突吉羅。若解不慎而作此著。突吉羅。若解輕戒輕人而作此著。波逸提。

僧祇律云。不得如婬女法賣色。左右顧視爲好不好。應看令如法齊整著。若放恣諸根。不欲學齊整著內衣者越學。

事鈔云。世尊處世深達物機。凡所施爲必以威儀爲主。故此百事大乘悉皆同學。息譏生信自護護他。倍應嚴淨。除是諸大菩薩示現逆行在處不論。若是學地凡夫。難越準繩。

〔附考〕根本律云。佛在施鹿林中。初度五苾芻出家服餙尙俗。佛作是念。過去諸佛云何敎聲聞衆著衣服耶。是時諸天前白佛言。如淨居天所著衣服。世尊卽以天眼觀知。如諸天所說事無差異。卽告苾芻曰。汝從今後。應同淨居天齊整著涅槃僧。

薩婆多論問曰。結既在初。而在後也。答曰。佛在初結。後集法藏者。詮次在後。何以故。罪名雖一而輕重有五。以重戒在前。輕戒在後。此戒於五篇中最輕。是故在後。又以一是實罪。二是遮罪。以實在初。遮在後。實罪卽性罪也又以一是無殘。二是有殘。是故重

者在初。而輕者在後也。　又問。五篇戒中佛何以
正制著涅槃僧及三衣。觀去來現佛及淨居天耶。
答曰。佛結五篇戒。此最在初。以此貫初。故餘篇不
說。又此戒於餘篇是輕者。將來弟子不生重。是故
如來以佛眼觀去來諸佛及淨居天而後結也。又
三世諸佛結戒有同不同。於五篇中不必盡同。此
著泥洹僧袈裟三世諸佛盡同。是故此戒觀諸佛
及淨居天。餘篇不觀也。

當齊整著三衣。應當學。第二

〔釋義〕緣處發起。招世譏嫌如上。佛爲結戒。

律云三衣者。安陀會。鬱多羅僧。僧伽梨也。不齊整者。或下著過肘露脇。或高著過腳蹲上。或下垂一角作象鼻。或垂前兩角後褰高作多羅樹葉。或細襵已安緣。

〔結罪〕是中犯者並餘四眾。悉皆同前。　不犯者。或肩臂有瘡下著。或腳蹲有瘡高著。若寺內。若村外。若道行。若作時。及最初未制戒等。

〔會採〕僧祇律云。若泥時作時。手得抄舉。

根本律云。苾芻熱時。於自房內但著下裙及僧脚崎。隨情讀誦說法。作衣服等。於四威儀悉皆無犯。

僧脚崎舊云僧祇支此翻掩腋衣用掩右腋覆左肩上

舍利佛問經云。修供養時。應偏袒以便作事。作福田時。應覆兩肩現田文相。云何修供養。如見佛時。問訊師僧時。應拂牀掃地卷衣裳乃至移種種供養。云何作福田時。應時乞食。坐禪誦經。經行樹下。人見端嚴有可觀也。

不得反抄衣入白衣舍。應當學。第三

【釋義】緣處發起如上。佛為結戒。　律云白衣舍者。村落也。反抄衣者。或左右反抄衣著肩上行也。

【結罪】其中所犯。並餘四眾。悉皆同前。　不犯者。或脇肋邊有瘡。若寺內。村外。作時。道行。及最初未制戒等。

【會採】律攝云。上下衣服不得偏抄一邊露現形體。不得雙抄兩邊置於肩上。凡是行步非大人相者。皆應遠離。

僧祇律云若風雨時得抄一邊。　若偏袒右肩得抄左邊。若通肩披得抄右邊。不得令肘現。　乞食畏汚衣故。得反抄不現肘無犯。

不得反抄衣入白衣舍坐。應當學。第四

〔釋義〕緣處發起譏嫌等。其中所犯不犯並餘四眾。悉皆同前。前戒是行威儀此戒是坐威儀也在白衣家坐時應好遮身勿爲撩亂失比丘儀當整衣如法直身正意生他信敬若放恣諸根抄衣露體令他譏謗則自損損他是以禁之

〔會採〕僧祇律云。若乞食。若取食。肘畏汚衣故。得抄衣。但莫令肘現。　若精舍中和向阿闍黎前坐。不得抄衣。若抄者。得抄一邊。不得抄兩邊。　若偏袒

者抄左邊。若通肩披者抄右邊。若見長老比丘應還下。

不得衣纏頸入白衣舍應。當學。第五

釋義緣處發起譏嫌等如上。佛爲結戒。律云纏頸者。總捉衣兩角著在肩上。

結罪其中所犯並餘四眾悉皆同前。不犯者。或時肩臂有瘡。若寺內村外。道行。作時。及最初未制戒等。

不得衣纏頭入白衣舍坐。應。當學。第六

釋義緣處發起譏嫌等。其中所犯不犯並餘四眾。悉皆同前。此中於坐有異。前是行也。

不得覆頭入白衣舍。應當學。第七

釋義緣處發起如上。見者譏嫌。謂如盜賊。佛為結戒。　律云覆頭者。若以樹葉若以碎段物若以衣覆。律攝云以衣覆頭如新嫁女故招世譏嫌

結罪其中所犯並餘四眾。悉皆同前。　不犯者。或時患寒。或頭上瘡生。或命難梵行難覆頭而走。若寺內。若村外。若道行。若作時。及最初未制戒等。

【會採】僧祇律云。若風寒雨及病不得全覆。當覆半令一耳現。若見和尚阿闍黎上座當卻。　不得覆頭入廁。若在屏私房覆無罪。　一往律家教授新受戒者令入廁時以巾覆頂勿許露之然律中因比丘蹲踞小便俗人為是尼僧窺覗及至起身乃譏比丘而生譏誚故制便利時尼則以巾覆頭而別知二部今令男僧覆巾詭之極矣明律者速當改革

不得覆頭入白衣舍坐。應當學。第八

【釋義】緣處發起譏嫌等。其中所犯不犯並餘四眾。悉皆同前。此唯異坐威儀也。

不得跳行入白衣舍。應當學。第九

〔釋義〕緣處發起如上。見者譏嫌謂如鳥雀。佛為結罪。律云跳行者。雙脚跳也。

〔結罪〕其中所犯並餘四衆悉皆同前。不犯者。或時有瘡。若為人所打。若有賊。若有惡獸。若有棘刺。或渡渠。或渡坑塹。或渡泥。及最初未制戒等。

〔會採〕僧祇律云。不得先下脚指後下脚跟。當先下脚跟後下脚指。若脚心有瘡。當側脚行作藏物繫之。

不得跳行入白衣舍坐。應當學。第十

〔釋義〕緣處發起譏嫌等。其中所犯不犯並餘四眾。悉皆同前。此別坐威儀也。

不得白衣舍內蹲坐。應當學。第十一

〔緣起〕佛在舍衛國。住祇園中。有居士請僧設供。往白時到。諸比丘到家就座而坐。六羣蹲坐。比座以手觸之。卽倒露形。居士見譏嫌。謂無慚愧如裸形婆羅門。佛爲結戒。　律云蹲坐者。若在地若在牀上。尻不至地也。尻考平聲脊骨盡處是也謂以雙腳蹈地兩腳並豎也

〔結罪〕其中所犯並餘四眾。悉皆同前。　不犯者。或

時尻邊生瘡。若有所與。若禮若懺悔。若受敎誡。及最初未制戒等。

〔會採〕僧祇律云。不得抱膝坐。不得交腳坐。若有病無犯。

不得叉腰行入白衣舍。應當學。第十二

〔釋義〕緣處發起如上。見者譏嫌。謂如世人新婚娶得志驕奢。佛爲結戒。　律云叉腰者。以手叉腰匡肘也。謂橫舉手也

〔結罪〕其中所犯並餘四衆。悉皆同前。　不犯者。或

時脇下生瘡。若寺內。村外。道行。作時。及最初未制戒等。

〔會採〕僧祇律云。若腰脊痛。若風腫者。得叉腰。若癰痤瘡癬。以藥塗上。畏污衣故。叉腰無罪。

不得叉腰入白衣舍坐。應當學。第十三

〔釋義〕緣處發起譏嫌等。其中所犯不犯並餘四眾。悉皆同前。此但明坐威儀也。律云。以手叉腰匡肘。白衣舍坐。妨其比坐也。縱無比坐而獨受請者。更應嚴肅威儀。惜護僧體。

會採十誦律云。不得掌扶頰坐。

不得搖身行入白衣舍。應當學。第十四

釋義緣處發起如上。見者譏嫌。謂如王似大臣。佛為結戒。律云搖身者。左右戾身趨行也。戾音例斜也曲也字從犬出戶曲戾也

結罪其中所犯並餘四眾。悉皆同前。不犯者。或有如是病。或為人所打迴戾身避杖。或惡獸所觸。或逢擔棘刺如是戾身。或渡坑渠泥水處於身搖身過。或著衣迴身看衣齊整。及最初未制戒等。

〔會採〕僧祇律云。不得搖頭行。若老病身振。風雨寒、雪搖無犯。

不得搖身行入白衣舍坐。應當學。第十五

〔釋義〕緣處發起譏嫌等。其中所犯不犯並餘四衆。悉皆同前。內不同者。此是坐威儀也。

毘尼止持會集卷第十四 終

音義

刳 音枯剖也 剗 音產削平也 葦 音委大葭也葭音嘉葦初生名葭稍大爲蘆長成乃名爲葦其華遇風吹揚如雪聚地如絮取其莖以爲針筒 褰 音牽謂揭開衣也 涅槃僧 或云

泥縛些㖿或云泥伐蘐㖿此翻裙也**瘡**瘡痍傷也**痤**癤也癤音節擁也**機**左傳云設机而不倚**戶牡**音畝門關鍵也關鍵即戶鑰大抵關有鍵以止之又有鎖鑰以固之**三十三天**即忉利天大智度論云昔有婆羅門姓憍尸迦與知友三十二人共修福德命終皆生須彌山頂憍尸迦為天主名帝釋天三十二人為輔臣周圍列居獨帝釋處其中三十二天人名字經論不載唯正法念處經明之**四天王**東方持國天王謂能護持國土故居須彌山黃金埵南方增長天王謂能令他善根增長故居須彌山瑠璃埵西方廣目天王謂以淨天眼常觀擁護此閻浮提故居須彌山白銀埵北方多聞天王謂福德之名聞四方故居須彌山水晶埵**摑**音國批打也**淨居天**淨居天有五謂聲聞之人斷欲界九品思惑盡證第三阿那舍果而居其中亦名五不還天若據俱舍圖言此五天次第而上若據楞嚴經言此五天皆橫在第四禪天中彼

第四禪天但能聞此五天之名而不能知見如世間聖地道場多有羅漢所居而人不能見也一無煩天二無熱天三善見天四善現天五色究竟天

佛眼 眼謂具肉天慧法四眼之用無不見知如人見極遠處佛見則爲至近人見幽暗處佛見則爲明顯乃至無事不見無事不知無事不聞聞見互用無所思惟一切皆見也

襵皺 上音摺衣襵也下音縐蹙也謂多作細襵也

膞 與腨同音軟腓腸卽腳肚也

襻 音盼衣下系也

擪 音葉按也

韲 音畜齊也

踝 音化脛兩旁內外曰踝足骨也

㡊紐 上音樞衫㡊也下音鈕結會衫紐也

匡肘 謂橫舉手也未詳字出如禮記云並坐不橫肱是也

趨行 疾行曰趨疾趨曰走

毘尼止持會集卷第十五

金陵寶華山宏律沙門讀體集

不得掉臂行入白衣舍。應當學。第十六

（釋義）緣處發起譏嫌如上。佛爲結戒。律云掉臂者。垂前卻也。

（結罪）其中所犯並餘四眾。悉皆同前。不犯者。或有如是病。或爲人所打舉手遮。或值惡獸盜賊。或逢擔棘刺人來舉手遮。或浮渡河水。或跳渡坑塹泥水。或共伴行不及以手招喚。並最初未制戒等。

〔會採〕根本律云。不得附肩。不應肩相接。不應連手入白衣舍。

僧祇律云。若是王子大臣本習未除。應當教言。汝今出家當捨此俗儀。從比丘法。若欲呼人不得雙舉兩手。當以一手招。

不得掉臂行入白衣舍坐。應當學。第十七

〔釋義〕緣處發起譏嫌等。其中所犯不犯。並餘四眾。悉皆同前。唯坐威儀別也。

〔會採〕僧祇律云。不得動手動足。舞手舞足。當安靖住。若有所問。當先護戒隨順而說。

好覆身入白衣舍。應當學。第十八

〔釋義〕緣處發起如上。見者譏嫌。謂如婆羅門。佛爲結戒。律云不好覆身者。處處露現也。

〔結罪〕其中所犯并餘四眾。悉皆同前。不犯者。或時有如是病。或被縛。或風吹衣離體。及最初未制戒等。

〔附考〕僧祇律云。安陀會當用緻物作。若疏者當二重三重。若安陀會疏者。鬱多羅僧當用緻物作。若

鬱多羅僧疏者。僧伽黎當用緻物作。若僧伽黎疏
者。鬱多羅僧當用緻物。文　三衣而分疏緻。聽用二
三重作者。所制元爲禦寒障暑。律中詳列十種衣
財。今有相傳云。佛制三衣俱用麤麻布造。止因世
尊初出家時。旣脱珍御。樹神獻一麻衣。而此麻衣
乃百年前辟支佛之留。極爲精細。亦非麤疏。由未
稽考。訛來久矣。若云不許綿布。唯許麻布者。非制
而制。實非律文。須知此方國風不同。別有隨常衣
服。設無兩重三重亦可。然受具名僧。斷不可無守

持之三衣。

好覆身入白衣舍坐。應當學。第十九

【釋義】緣處發起譏嫌等。其中所犯不犯。並餘四眾。悉皆同前。此殊坐也。

【會採】僧祇律云。坐時不得坐衣上。當一手褰衣。一手按坐具。然後安詳而坐。　若精舍中食上。和尚阿闍黎。若長老比丘前。應好覆身坐。

根本律云。在白衣舍。不累足坐。不重內踝坐。不重外踝坐。不斂足坐。不長舒足坐。不露身坐。

不得左右顧視行入白衣舍。應當學。第二十

〔釋義〕緣處發起如上。見者譏嫌。謂似盜賊人。佛爲結戒。律云左右顧視者。處處看也。

〔結罪〕其中所犯並餘四衆。悉皆同前。不犯者。或有如是病。或仰瞻日時節。或命難。梵行難。左右處處伺求方便道欲逃走。及最初未制戒等。

〔會採〕僧祇律云諦視行時。不得如馬低頭行。當平視行防惡象牛馬。當如擔輦人行。不得東西瞻視。若欲看時。迴身向所看處。

律攝云。不高視者。舉目視前一踰伽地。一踰伽量者。長四肘也。

不得左右顧視入白衣舍坐。應當學。第二十一

【釋義】緣處發起譏嫌等。其中所犯不犯並餘四眾。悉皆同前。所不同者唯坐也。

【會採】根本律云。在白衣舍他不請坐不應輒坐不應不善觀察而坐。

僧祇律云。坐時不得如馬延頭低頭當平視。勿令不覺。檀越持熱器來搪突手。　若精舍內食上。和

倘阿闍黎上座前。當平視坐。

靜默入白衣舍。應當學。第二十二

〔緣起〕佛在舍衛國。給孤獨園。諸居士見六羣高聲大喚入白衣舍。譏嫌謂似婆羅門。佛爲結戒。　律云不靜默者。高聲大喚。若囑授。若高聲施食。

〔結罪〕其中所犯並餘四衆。悉皆同前。　不犯者。或時有如是病。若聾不聞聲。須高聲喚。或高聲囑授。若高聲施食。若命難梵行難。高聲而走。及最初未制戒等。

〔會採〕律攝云。設有須喚他不聞時。應請俗人爲其大喚。

靜默入白衣舍坐。應當學。第二十三

〔釋義〕緣處發起譏嫌等。其中所犯不犯並餘四衆。悉皆同前。唯異坐也。

〔會採〕僧祇律云。不得高聲大喚坐俗家內。若欲喚者應彈指。若前人不覺者。高語近邊人。　若精舍中食上。若和尚阿闍黎上座前坐。不得聲大喚。若欲語時語比座。如是展轉第二第三令彼得知

不得戲笑行入白衣舍。應當學。第二十四

〔釋義〕緣處發起如上。見者譏嫌。謂如獼猴。佛爲結戒。　律云。戲笑者。露齒而笑也。

〔結罪〕其中所犯並餘四衆。悉皆同前。　不犯者。或脣病不覆齒。或念法歡喜而笑。及最初未制戒等。

〔會採〕僧祇律云。若有可笑事。不得出齗現齒大笑。應忍之。起無常苦空無我想。死想。復不止者。當以衣角掩口。

根本摩得勒伽云。欠時不遮口。突吉羅。

不得戲笑白衣舍坐。應當學。第二十五

釋義 緣處發起譏嫌等。其中所犯不犯並餘四眾。悉皆同前所別坐也。

用意受食。應當學。第二十六

緣起 佛在舍衛國。給孤獨園。有居士請僧設供。手自斟酌種種飲食。六羣不用意受食捐棄羹飯。居士見已自相謂言。沙門釋子不知慚愧。不用意受食。貪心多受如穀貴時。佛為結戒。 律云不用意受食者。棄羹飯食也。

〔結罪〕其中所犯並餘四眾。悉皆同前。　不犯者。或鉢小故食時棄飯。或還墮案上。及最初未制戒等。

〔會採〕五分律云。一心受食者。左手一心持鉢。右手扶緣。

當平鉢受食。應當學。第二十七

〔緣起〕佛在舍衛國。住祇園中。六羣赴請溢鉢受食。諸居士見譏嫌。謂如饑餓之人貪多。佛爲結戒。

律云不平鉢者。溢滿也。其中所犯不犯並餘四眾。悉皆同前。

〈會採〉根本律云。不得滿鉢受飯更安羹菜。令食流溢於鉢緣邊。應留曲指。

平鉢受羹。應當學。第二十八

〈釋義〉緣處發起譏嫌等。其中所犯不犯並餘四眾。悉皆同前。

〈會採〉律攝云。受食之時。應觀其鉢勿令流溢。所有羹菜不應多請。後安鉢時恐溢出故。

羹飯等食。應當學。第二十九

〈緣起〉佛在舍衛國。住祇園中。有居士設供請僧自手斟酌。下飯已入內取羹還。六羣飯已盡。居士與羹已。復入內取飯還。彼食羹已盡。居士譏嫌。謂似饑餓之人。佛爲結戒。　律云不等者。飯至羹未至飯已盡。羹至飯未至羹已盡也。

〔結罪〕其中所犯並餘四眾。悉皆同前。　不犯者。或時正須飯不須羹。或時正須羹不須飯。或日時欲過。或命難梵行難疾疾食。及最初未制戒等。

〔會採〕僧祇律云。不得先取羹後取飯。當先取飯按已後取半羹　若國法先以羹後以飯者。當取鍵鎡拘鉢受。若無者得以鉢受羹。但受飯者。應以手遮徐徐下鉢中。勿太令溢出。　若病比丘宜取羹者。多取無罪。拘鉢者是小鉢也。謂取鍵鎡小鉢受之

以次食應當學。第三十

【釋義】緣處發起如上。赴請譏嫌。譬如禽畜。佛爲結戒。　律云不次第者。鉢中處處取食食也。

【結罪】其中所犯並餘四眾。悉皆同前。　不犯者。或時患飯熱。挑取冷處食。若日時欲過。若命難梵行難。如是疾疾食。及最初未制戒等。

〔會採〕僧祇律云。不得偏刳食。

十誦律云。不得鉢中摘好食。

根本律云。不應憍慢食。

不得挑鉢中而食。應當學。第三十一

〔釋義〕緣處發起譏嫌等。其中所犯不犯並餘四眾。悉皆同前。　律云挑者。置四邊挑中央。至鉢底現空也。

若比丘不病不得自爲己索羹飯。應當學。第三十二

〔緣起〕佛在舍衛國。祇樹園住。時有居士請僧自手

斟酌種種飲食。六羣自爲己索食如饑餓時。居士

譏嫌佛爲結戒。

〔結罪〕其中所犯並餘四眾。悉皆同前。　不犯者。或

病者自索。若爲他索。他爲己索。若不求而得。及最

初未制戒等。

不得以飯覆羹更望得。應當學。第三十三

〔緣起〕佛在舍衛國。給孤獨園。有居士請僧設供。手

自斟酌羹飯。與一六羣比丘羹已。識次更入內取

羹。彼於後即以飯覆羹。居士問言羹在何處。彼便

默然。居士譏嫌。謂似饑餓人。佛爲結戒。

〔結罪〕其中所犯並餘四眾。悉皆同前。　不犯者。若請食。或爲同梵行者。或爲病者請食還與彼。或時正須羹。有時正須飯。及最初未制戒等。

〔會採〕僧祇律云。若比丘迎食處污衣者。不得盡覆當露一邊。　若食盡者。前人問得未。應答已得。若比丘病宜多須羹者。多取無罪。

律攝云。羹飯不得互掩覆者。意欲多求長貪心故。應於飲食生厭離想。是爲出家所應作事。隨得隨食少欲爲念。

不得視比座鉢中。應當學。第三十四

緣起佛在舍衛國。住祇陀林。有居士設供請僧手自斟酌飲食。六羣中有一人得食分少見比座分多。卽語居士言汝有愛。居士報言我平等相與耳。何故言我有愛。佛爲結戒。　律云視比座鉢中者。誰多誰少耶。

結罪其中所犯並餘四衆。悉皆同前。　不犯者。若比座病。若眼闇。爲看得食不得食。淨不淨。受未受。

及最初未制戒等。

〔會採〕僧祇律云。若監食人看食。何處得何處不得無罪。若共行弟子。若依止弟子病。看其鉢中是應病食不。看無罪。若看上下座爲得食不。無罪。

當繫鉢想食。應當學。第三十五

〔緣起〕佛在舍衛國。給孤獨園。有居士請僧。諸比丘往詣其家就座而坐。六羣受羹飯已左右顧視。不覺比座取羹藏之。彼自看不見羹。問言我向受羹今在何處。比座比丘言汝何處來耶。答言我在此

置羹在前。左右看視、而今無爾。佛爲結戒。　律云

不繫鉢想者。爲左右顧視也。

結罪其中所犯。並餘四衆。悉皆同前。　不犯者。或

比座眼闇。爲受取。瞻看淨不淨。得未得。或自看日

時。或命難梵行難。欲逃避左右看。及最初未制戒

等。

會採僧祇律云。當端心觀鉢食。不得放鉢在前共

比座語。若有因緣。須左右語者。左手撫鉢上緣。若

食到第三人時。當先將鉢預擎待食至。

律攝云。繫心而食充軀長道。不得觀他生嫌賤心」。

附考勒伽論云。若食一一食時。當觀此食從何處來。從倉中出。食從地出。地以和合種子得生。今復還養糞身。舉摶時作糞想。正念在前不以散亂心噉食。當作逆食想。從地得想病想等。

智度論云。思惟此食工夫甚重。計一鉢之飯作夫流汗合集量之。食少汗多。此食辛苦如是。入口卽成不淨。宿昔之間變爲屎尿。本是美味惡不欲見。行者自思如是弊食。我若貪著當墮三塗。如是觀食當厭五欲。

不得大摶飯食。應當學。第三十六

〔釋義〕緣處發起如上。赴供。譏嫌謂似畜類。佛為結戒。律云大摶者。口不容受也。

〔結罪〕其中所犯並餘四眾。悉皆同前。　不犯者。或日時欲過。或命難梵行難疾疾食。及最初未制戒等。

〔會採〕僧祇律云。不得大摶。亦不得小如婬女兩三粒而食。當可口食。　上座當徐徐食。不得速食竟住看。令年少狠狽食不飽。

不得大張口待飯食。應當學。第三十七

〔釋義〕緣處發起譏嫌等。其中所犯不犯並餘四衆。悉皆同前。　律云大張口者。飯未至先大張口以待也。

〔會採〕僧祇律云。比丘食時。當如雪山象王食法。食入口已以鼻作後口分齊。前食咽已續內後團。若口有瘡。得預張無罪。

不得含食語。應當學。第三十八

〔釋義〕緣處發起譏嫌等如上。佛為結戒。 律云含飯語者。飯在口中語不分明。令人不解也。此據緣起。但云含飯語。須知食有二五。凡食噉一切皆不得含口而語。含食語乃白衣法及諸婆羅門無慚受施非比丘起供之儀也

〔結罪〕其中所犯並餘四眾。悉皆同前。 不犯者。或噎而索水。或命難梵行難作聲食。及最初未制戒等。

〔會採〕僧祇律云。和尚阿闍黎上座喚。若咽未盡。能使聲不異者得應。若不能者。咽已乃應。前人嫌者。

答言我口中有食。故不卽應。

五分律云。益食時聽言須。不須。不嫌訶食。

不得搏飯遙擲口中。應當學。第三十九

【釋義】緣處發起如上。赴供。譏嫌謂如幻師。佛爲結戒。律云。遙擲者。先張其口。乃以飯搏遙擲而入也。

【結罪】其中所犯並餘四衆。悉皆同前。不犯者。或被繫縛擲口中食。及最初未制戒等。

【會採】僧祇律云。若酸棗若蒲萄如是種種。乃至熬豆挑擲噉無罪。

不得遺落飯食。應當學。第四十

緣起佛在舍衛國。住祇陀林城中有居士請僧手自斟酌飲食。六羣手把飯摶齧半食。居士譏嫌。佛爲結戒。律云遺落者。半入口半在手中。準犯緣據西域食儀結戒今東土應鉢用匙若遺落者事同此治

結罪其中所犯並餘四衆。悉皆同前。不犯者。或噉薄餅焦飯。若瓜甘蔗菜果。及最初未制戒等。

會採僧祇律云。若麨團大當手中分令可口。餅亦

如是。

不得頰食食。應當學。第四十一

釋義 緣處發起如上赴請。譏嫌謂似獼猴。佛爲結戒。 律云頰食者。令兩頰鼓起如似獼猴也。

結罪 其中所犯並餘四眾。悉皆同前。 不犯者。或有如是病。或日時欲過。或命難梵行難疾疾食。及最初未制戒等。

會採 僧祇律云。不得口中迴食食。謂含飯團從一頰迴至一頰。當一邊嚼即嚼邊咽。

不得嚼食作聲。應當學。第四十二

〔釋義〕緣處發起亦如上赴供。生俗譏嫌。佛為結戒。

〔結罪〕其中所犯並餘四眾。悉皆同前。 不犯者或嚼乾餅焦飯。或嚼甘蔗瓜果。及最初未制戒等。

〔會採〕僧祇律云。不得噂嗛作聲食。 不得全吞啃啃作聲。若咽喉病無罪。

十誦律云。啜粥不得作聲。噉根莖等勿令大作聲。

不得大噏飯食。應當學。第四十三

〔釋義〕緣處發起譏嫌如上。佛為結戒。 律云噏飯者。張口遥呼噏也。

（結罪）其中所犯並餘四眾。悉皆同前。　不犯者若口痛若食羹。若食一切漿。及最初未制戒等。

（會採）僧祇律云。若食薄粥羹飲不得噏使作聲。當徐徐咽。

根本律云。不彈舌食。不嘖喋食。不訶氣食。不吹氣食。若實口痛當依本部聽開若口無病宜遵僧祇根本

不得舌舐食。應當學。第四十四

（釋義）緣處發起譏嫌如上。佛爲結戒。　律云舌舐

者。以舌舐飯揣食也。揣者試探也

〔結罪〕其中所犯並餘四眾。悉皆同前　不犯者。或被縛。或手有泥。或垢膩汚手舌舐取。及最初未制戒等。

〔會採〕僧祇律云。不得舐手食。若酥油蜜石蜜著手者。當就鉢緣上摡取一處。然後取食。　不得嗽指食。若蜜鹽著指頭得嗽無罪。

不得振手食。應當學。第四十五

〔釋義〕緣處發起如上。譏嫌謂似王如大臣。佛為結

戒。振者。謂以手動搖也

結罪其中所犯並餘四眾。悉皆同前。　不犯者。或有如是病或食中有草有蟲。或時手有不淨欲振去之。或未受食手觸而污手振去之。及最初未制戒等。

會採僧祇律云。若振手時不得向比座振。若食著手當已前振。若鉢中抖擻。

根本律云。以鉢水振灑餘人污彼衣服。見他好衣生嫉妒故。如是等皆不應作。

不得手把散飯食。應當學。第四十六

【釋義】緣處發起如上。譏嫌謂似雞鳥。佛爲結戒。手把散飯謂不摶食之今此方受食俱用匙鉢無手摶儀式或落有之　其中所犯不犯并餘四衆。悉皆同前。

【會採】僧祇律云。受食時不得令一粒落地。若淨人瀉時墮地無罪。食著口中時勿令落地。誤落者無罪。　若噉瓜果甘蔗時。皮核滓不得縱橫棄地。當聚足邊。

十誦律云。食墮所受草葉上者應食。若有土者。吹去卻而食。或有多土著者。水洗得食。

不得污手捉飲器。應當學。第四十七

〔釋義〕緣處發起如上。譏嫌謂似國王大臣。佛爲結戒。律云污手者。膩飯著手也。

〔結罪〕其中所犯並餘四衆。悉皆同前。不犯者。或草上受。葉上受。洗手受。及最初未制戒等。

〔會採〕五分律云。不曲指收鉢食。不齅食食。不嫌訶食。

不得洗鉢水棄白衣舍內。應當學。第四十八

緣起佛在舍衛國。住給孤精舍。時六羣在居士家食已洗鉢。棄洗鉢水乃至餘食在地。居士見已譏嫌。謂多受飲食如饑餓之人。而損棄狼藉如王大臣。佛爲結戒。律云洗鉢水者。雜飯水也。

結罪其中所犯並餘四眾。悉皆同前。不犯者。若澡槃承取水持棄外。及最初未制戒等。

會採十誦律云。問主人棄不犯。僧祇律云。食時當稱腹而取不得多受。若淨人卒多與者。未噉時應減與比座。若比座不取。應與沙彌及園民。　若洗鉢時不應一粒瀉棄地。若有者應聚板上葉上。

〔附考〕五分律云。有諸白衣新作屋。欲得比丘洗鉢水灑地以爲吉祥。佛聽以鉢中無食水灑地。

根本律云。有人來乞鉢水時。應洗淨鉢置清淨水。誦伽陀三徧授與彼人。或洗或飲能除萬病。不得以殘食置鉢水中。伽陀云。以世五欲樂。或復諸天樂。若比愛盡樂。千分不及一。由集能生苦。因苦復生集。八聖道能超。至妙涅槃處。所爲布施者。必獲

其義利。若爲樂布施。後必得安樂。佛雖親說此伽陀必要眞正清淨持戒之者持鉢三誦方療萬病若無戒德縱誦千徧亦難感應

不得生草菜上大小便涕唾。除病應當學。第四十九

〔緣起〕此戒有二制。佛在舍衛國。住祇園中。六羣大小便涕唾生草菜上。諸居士見譏嫌。謂如畜生。佛爲僧初結戒也。如是結戒已。有病比丘不堪避生草菜疲極。故復隨開除病無犯。乃第二結戒也

〔結罪〕是中所犯。並餘四衆。悉皆同前。準尼律中。比丘尼犯波逸提。僧戒結在先其間乃兼制四衆故結輕尼戒結在後一一皆正制本

部結重。故不犯者。在無草菜處大小便流墮生草菜上。或時爲風吹。或鳥所啣。而墮生草菜中。及最初未制戒等。

會採僧祇律云。若夏月生草普茂無空缺處者。當在駱駝牛馬等行處。及磚瓦石上乾草葉上。如上次第無者。當以木枝承。令糞先墮木上後墮地。若大小便涕唾汚手脚得拭生草。

律攝云。若棘刺叢處無犯。若大林中行枝葉交茂。應離人行處。若涉生田間無空處。應持乾葉布上便利。若不可得者無犯。

不得水中大小便涕唾。除病應當學。第五十

【釋義】緣處發起譏嫌如上。其中所犯並餘四衆。悉皆同前。　不犯者。若有病或於岸上大小便流墮水中。或風吹鳥啣墮水。及最初未制戒等。

【會採】僧祇律云。若雨時水卒浮滿。當在土塊上及瓦石竹木上。先令墮木上。後落水中。　若大小便汚手腳得水中洗。　若入水浴時不得唾中。若岸遠者。當唾手中然後棄。

善見律云。若水人所不用。或海水不犯。　水雖中用曠遠。無人用不犯。

律攝云。凡爲洟唾時。勿令大聲。亦不應數爲洟唾。若性多洟唾者。應向屏處。

不得立大小便。除病。應當學。第五十一

〔釋義〕緣處發起譏嫌如上。佛爲結戒。其中所犯並餘四衆。悉皆同前。　不犯者。若有病。或被繫縛。或時脚蹲有垢膩若泥。及最初未制戒等。然此一戒五天竺境小行之時人皆蹲踞至於海洲諸國亦符此也其惟震旦方處不同事非一定立者多而蹲者寡若非蹲之鄉蹲者譏爲不男設非立之地立者便以爲怪於斯兩途理應通決葢律依西制結集時仍列開遮故無移漏法流東夏受持者宜隨國風以護譏嫌據教善行庶無疑矣

〔引證〕五分律云。佛言雖是我所制餘方不以爲清淨者。皆不應用。雖非我所制餘方必應行者。皆不得不行。

根本羯磨云。時佛臨欲涅槃。告諸苾芻曰。我先爲汝等廣已開闡毘奈耶教而未略說。汝等今時宜聽略教。且如有事我於先來非許非遮。若於此事順不清淨。違清淨者。此是不淨卽不應行。若事順清淨違不清淨者。此卽是淨應可順行。問曰。何意世尊將圓寂時說斯略教。答曰。大師滅後乃至聖教未沒已來。莫令外道作斯譏議。世尊既是具一切智。世間有事不開不遮。諸弟子輩欲如何行。為遮斯難。遠察未來利益故制。又復欲令諸弟子於事無疑。得安樂住。是故須說。凡諸司律幸勿纔聞斯說便取餘之定禁妄符聖教是卽非制而制是制而開廢紊毘尼其罪孰代

〔附考〕佛言不應久忍大小便。去時應捉廁草。若在前去者當在前。行至廁房應安衣著杙上。若架上

樹石上。至厠外應彈指若謦欬令人非人知。手堅捉衣不令觸厠兩邊。應堅安腳。當先看有蛇蟲應驅出。不應未蹲便舉衣。應並蹲漸舉衣。蹲已當看。勿令前却近兩邊使大小便洟唾污厠孔。不應高聲大鳴。厠草極長一磔手。極短四指。已用草未用草應別安處。便已徐起漸下衣。至洗淨處應彈指令人非人知。應先看毒蛇漸褰衣蹲。不應就水器中洗。洗時勿使有聲。洗已應以手。若葉。若弊物拭身上水。應以鹵土。若灰。若泥。若牛糞。若土塹。若澡豆洗手。洗已應漸下衣起。見厠上有不淨應掃除。毘尼母經云。應用二指頭洗之。謂無名指及小指也。

不得與反抄衣不恭敬人說法。除病應當學。第五十二

〔緣起〕此戒有二制。佛在舍衛國。住祇園中。六羣與反抄衣不恭敬人說法。諸比丘聞有知慚愧樂學戒者。嫌責六羣白佛。此初結戒也。時諸比丘疑不敢爲病反抄衣者說法。佛言病者無犯。故加除病之語。乃第二制也。向下除病說法諸條咸皆準此

結罪其中所犯並餘四眾。悉皆同前。　不犯者。若為王王大臣說法。及最初未制戒等。雖曰王臣世所尊貴宜當深重佛法若生傲慢縱聞奚益為法忘軀上古皆然況靈山會上親以付囑是故特須尊敬其說者愈當以法自重苟彼此不恭二皆失利若夫誘進攝化之權必須隨機稱量不可直爾造為向下說法諸戒準此應知

會採十誦律云。諸佛常法。不一心眾生不為說法。

不得為衣纏頸者說法。除病應當學。第五十三

釋義緣處發起如上。佛為結戒。根本部云按西域俗儀所著衣裳無所裁製本自織成一幅之氎價貴鮮白輕輭雜彩男則繞腰絡腋橫巾右袒女則襜衣下垂通肩總

覆。今故制云纏頸。此方若以巾帕及餘物繞頸者。例制可知。若外儀不恭。則内念不虔。是亦不應爲說。

其中所犯不犯並餘四衆。悉皆同前。

不得爲覆頭者說法。除病應當學。第五十四

【釋義】緣處發起如上。佛爲結戒。覆頭者。謂以衣物蓋頭也。西竺以露頂跣足表至敬。東土以冠履備整顯極恭。然禮隨國制所行。便爲虔敬之儀。此方除冠巾外。若用餘物覆頭者。俱不應爲說。

其中所犯不犯並餘四衆。悉皆同前。

【會採】僧祇律云。若比丘爲塔爲僧事詣王若地主時。彼言比丘爲我說法。若邊有淨人。當立意爲彼人說。王聽無罪。若比丘在怖畏險道行時。防衛人言。尊者爲我說法。彼雖覆頭爲說無罪。

不得爲裹頭者說法。除病應當學。第五十五

釋義緣處發起如上。佛爲結戒。裹謂包裹纏裹與覆義不同其中所犯不犯並餘四衆。悉皆同前。

會採僧祇律云。若比丘爲塔事僧事詣王若地主。乃至在怖畏險道行時。開說同上。

不得爲叉腰者說法。除病應當學。第五十六

釋義緣處發起如上。佛爲結戒。叉腰者或一手叉或兩手叉俱不應爲說其中所犯不犯並餘四衆。悉皆同前。

會採僧祇律云。不得爲抱膝人說法除病。不得爲翹腳人說法除病。

不得爲著革屣者說法。除病應當學。第五十七

釋義緣處發起如上。佛爲結戒。梵語亟縛屣。或名革屣。此翻云靴。乃皮屬之履也。東土雖無跣足聽法之儀若著不淨鞋履還須更卻餘義通塞準略敎應知　其中所犯不犯並餘四衆。悉皆同前。

會採五分律云。若多人著革屣不能令脫。但因不著者說無罪。

不得為著木屐者說法。除病應當學。第五十八

釋義 緣處發起如上。佛為結戒。草作者名屝。皮作者名屩。木作者名屐。亦有帛屐。以帛為之。西域王臣長者俱著金銀寶屐。準義悉皆不聽為說。若隨機權攝如上。其中所犯不犯。並餘四眾。悉皆同前。應知

會採 僧祇律云。若比丘為塔為僧事詣王。若地主所。彼言比丘為我說法。不應語令脫屐。恐生疑故。若邊有淨人應作意為淨人說。王雖聽無罪。

不得為騎乘者說法。除病應當學。第五十九

緣起 十誦律云。波斯匿王自作制限。若佛在祇園

我當日日自往。由是乘乘向祇園見佛。六羣爲王說法。諸比丘聞有行頭陀樂學戒者。嫌責六羣。白佛結戒。故制人前已後。人在道已非道。人坐已立。人高座已下座。人臥已坐。持杖。持劍。持鉾。持刀。持蓋。不應爲說法緣起並同。此中乘者謂象馬牛車等乘也其中所犯不犯並餘四衆。悉皆同前。

會採僧祇律云。若比丘爲塔爲僧事詣王若地主。彼言比丘爲我說法。不應語令下乘恐生疑。故若邊有淨人者。應作意爲淨人說。王雖聽無罪。　若在怖畏險道行時。防衞人言。尊者爲我說法。彼雖騎乘爲說無犯。

不得在佛塔中止宿。除爲守護故應當學第六十

緣起佛在舍衞國。住給孤園。六羣止宿佛塔中。諸比丘聞。有少欲者嫌責六羣。白佛結戒。時諸比丘疑不敢爲守護故止宿佛。亦聽允。乃第二制也。

釋義梵語塔婆。亦云浮圖。新云窣堵波。又曰制底。別名支提。此翻爲方墳。或翻爲圓冢。正譯爲聚相。謂如來眾德俱聚於此。人天所共瞻仰。即瘞佛舍

利處也若佛說法經行之處皆建浮圖雖無舍利亦名爲塔。僧祇律云。有舍利名曰制底。無舍利名曰支提。舍利義有二種一全身二碎身碎身者有三種一骨舍利其色白二肉舍利其色赤三髮舍利其色黑菩薩羅漢皆有此三種唯佛舍利五色不定神通變化而有光明經無量劫常在具足利益眾生乃戒定慧之所熏修妙功德之所共集希有難得爲像末法中最上福田也魏書釋老誌云佛既謝往香木焚屍靈骨分碎大小如粒擊之不壞焚之不焦而有光明神驗謂之舍利王臣收奉竭香花致敬墓建宮宇謂之爲塔猶宗廟也故時稱爲塔廟此言佛塔揀非菩薩聲聞之塔縱非佛塔卽一切聖賢浮圖亦應恭敬皆不得於中止宿等事　除爲守護故者。謂以恭敬心晨昏灑掃塗晝夜然供香燈並防無信白衣褻慢招愆故聽於中止宿而守護

之卽今香燈殿主之類是也

〔結罪〕其中所犯並餘四衆悉皆同前　不犯者或時有如是病或爲强力者所執或命難梵行難止宿及最初未制戒等

〔引證〕第四分云佛在王舍城時恭敬世尊無敢與佛剃髮者只有一小兒名優波離無知未有所畏爲佛剃髮其父母在世尊前合掌白言小兒爲世尊剃髮爲好不佛言善能剃髮乃使身安樂而太曲身父卽語兒言汝莫太曲身令世尊不安復問

佛言好不。佛言善。身太直。父語子言。汝莫太直身令世尊不安。復問佛言好不。佛言善。而入息太麤。父語兒言。汝莫麤入息令佛不安。復問佛言好不。佛言善。而出息太麤。父語兒言。汝莫出息太麤令佛不安。時小兒優波離入出息盡。入第四禪。爾時世尊告阿難言。此小兒已入第四禪。汝取彼手中刀。阿難即受教取刀持故盛髮器收世尊髮。佛言不應故器盛。應用新器新繒綵新衣裹盛。時有王子瞿波離將軍。欲往征西方索佛髮持行供養佛聽。不知云何安處。佛言聽安金塔中。若銀塔若七寶塔繒綵衣裹。不知云何持。佛言聽象馬車乘。若輦輿。若頭上若肩上擔。時王子持世尊髮去所往征討得勝還國。爲世尊起髮塔。此是世尊在世時塔也。時諸比丘亦請世尊髮持行。不知云何安處。佛言聽安金塔等。不知持行乃至肩上持行。時諸優婆塞作是念。若佛聽我等及世尊現在起塔者。我當起立。佛聽作。而不知云何作。佛言應四方。若八角。若圓作。不知何物作。佛言應以磚石若木作。

一切如上法。乃至地敷亦如上。彼欲作幢四邊籬
障及莊嚴供養佛。一一皆聽。幢作師子。時諸比丘
在世尊塔內宿。乃至安佛塔在下房。已在上房等。
二十六事緣發起。佛皆云不應爾。一一制之如下
所列。

目得迦云。給孤長者請世尊曰。我以如來髮爪造
窣堵波。若佛聽者我當營造。佛告長者隨意應作。
不知云何作。佛言始從覩史多天下生贍部化導
有情。乃至涅槃本生聖跡。隨意應作。諸部咸缺此佛塔等事唯

本部有制今詳錄者以防佛現
在世有塔之疑據此以爲證也

〈附考〉十二因緣經云有八種塔並有露盤佛塔八重菩薩七重辟支六重四果五重三果四重二果三重初果二重輪王一重凡僧但蕉葉火珠而已輪王雖是一重比丘見之不得爲禮以非聖塔故凡僧隨次應禮

涅槃經後分云佛塔高十三層上有輪相衆寶莊嚴辟支佛十一層羅漢四層亦以寶嚴飾輪王雖亦寶成無復層級未脫三界諸有苦故輪相者僧祇律云佛

造迦葉佛塔上施盤蓋長表輪相經中多云相輪以人仰望而瞻相也露盤卽輪相名別爾

不得藏財物置佛塔中。除爲堅牢故。應當學。第六十一

釋義　緣處發起如上。佛爲結戒。時諸比丘疑不敢爲堅牢故。藏財物著佛塔中。佛復開聽。乃第二制也。財物者謂衣具器物也若爲貪積藏中則不可以重已物而輕佛塔若供養塔及形像之物或僧祇物爲守護堅牢不令有失權可藏舉

結罪　其中所犯並餘四衆。悉皆同前。　不犯者。爲堅牢藏著或彊者所執。或命難梵行難。及最初未制戒等。

不得著革屣入佛塔中。應當學。第六十二

〔釋義〕緣處發起如上。佛為結戒。皮熟曰韋，生曰革，凡是皮履通名革屣也。

〔結罪〕其中所犯並餘四眾，悉皆同前。　不犯者：或時有如是病，或為强者所執，喚入塔中，及最初未制戒等。

〔附考〕第三分云：佛在王舍城，時瞻波城有長者子，字守籠那，其父母唯有一子，甚愛念之。生來習樂，未曾躡地而行，足下生毛。時摩竭國王欲見之，敕瞻波城主。使諸長者各將兒來。彼城主奉敕與諸長者將兒到已。乞王以衣敷地。守籠那行詣王所頭面作禮。王見歡喜。賜以金寶。語言我已與汝現世利益。世尊在耆闍崛山中。汝可往禮覲問訊。當與汝後世利益。諸長者如教禮佛聞法。得法眼淨。受三皈五戒爲優婆塞。時守籠那求佛出家。因父母不聽。佛不許可。彼還家以方便求其二親七日不食。遂聽捨家爲道。於精進經行之處血流汚地。如屠殺處。後得漏盡證阿羅漢果。佛告守籠那。汝生習樂不慣涉苦。聽汝於寺內著一重革屣。卽白佛言。我捨五象王出家爲道。或致人難言貪一重革屣。世尊聽諸比丘畜者。我亦當畜。佛時默然可之。卽以是因緣集比丘僧。爲隨順說法。無數方便稱讚頭陁行少欲知足樂出離者。告諸比丘聽爲護身護衣護卧具故。聽在寺內著一重革屣。時諸比丘著一重革屣不久便穿壞。聽以樹皮若皮補之。當以縷縫聽畜錐。若在邊國多瓦石聽著兩重革屣。以皮爲卧具。若得未治皮聽柔。不聽一手捉革屣及鉢。一切大皮不得畜。謂師子虎豹獺。野貍野狐黑皮等。不得坐皮錦褥雜色臥具。大小便洗足聽著革屣。在和尚等前。阿闍黎等前。應偏露右肩脫革屣。有所取與。除在白衣舍及在道行若夜暮畏毒蟲聽著。不應以皮作鉢並鍼綫等囊。若帽腰帶禪帶一切不淨。可惡皮及皮器不應畜。聽畜浮囊。若住處有塵不得以皮作地敷。

不得手捉革屣入佛塔中。應當學。第六十三

〔釋義〕緣處發起。其中所犯不犯並餘四衆。悉皆同

前。前既不聽著入彼復捉持而進。故制革屣乃是履踐之物不淨所汚故亦不聽持入塔中也

不得著革屣繞佛塔行。應當學。第六十四

【釋義】緣處發起。其中所犯不犯並餘四眾。悉皆同前。繞有二種一路由塔邊過故繞二為表敬故繞此言繞者是路由邊過

【附考】義淨律師云。原西天致敬之儀有於多種。或以禮拜為恭。或復旋繞為敬。禮則品列九等。旋乃分於左右。右繞為吉。左繞為凶。匝數則從一二三乃至百千隨各所表。且如常行三匝者。表供三尊。止三毒。淨三業。然諸所表但不外於法數。合乎聖

敎可爾。而言九等者一發言慰問。二俯首示敬。三舉手高揖。四合掌平拱。五屈膝。六長跪。七手膝踞地。八五輪俱屈。九五體投地。凡斯九等極唯一拜跪而讚德。謂之盡敬。遠則稽顙拜首。近則舐足摩踵。凡其致詞受命褰裳長跪。尊賢受拜必有慰詞。或摩其頂。或拊其背。善言誨導以示親厚。出家沙門既受敬禮。唯加善願。不止跪拜。此方禮數久乖。智者宜當奉敎。勿順人情而虧聖制也。

不得著富羅入佛塔中。應當學。第六十五

〔釋義〕緣處發起。其中所犯不犯並餘四眾。悉皆同前。梵語富羅。此譯為短靿靴。

〔會採〕五分律云。富羅不應深作鞾。聽至踝上。不得鞾如靴靴應開前。

〔附考〕寄歸傳云。準如聖教。若對形像及近尊師。除病則徒跣是儀。無容輒著鞋履。偏露右肩。衣掩左髆。首無巾帕。自是恆途。餘處遊行。在開非過。若是寒國。聽著短靴。諸餘履屣。隨處應用。既而殊方異域。寒煖不同。準如聖教。多有違處。理可隆冬之月權可養身。春夏之時須依律制。履屣不旋佛塔敎已先明。富羅勿進香臺殞之自久。然有違敎之類。即是强慢金言。

不得手捉富羅入佛塔中。應當學。第六十六

釋義　緣處發起。其中所犯不犯並餘四衆。悉皆同前。前禁著入此制不得捉入也

不得塔下坐食留草及食污地。應當學。第六十七

緣起　此有二制。佛在舍衞國。住祇陀園。六羣在塔下坐食已。留殘食及草污地而去。有知足比丘嫌

責白佛結戒。與結戒已。時諸比丘作塔已施食。作房已施食。衆集坐處窄狹。不敢塔下坐食。佛言聽坐食。不得留草及食污地。時有病比丘不敢留殘食草污地。佛言聽聚著腳邊。出時持棄之。乃第二制也。

【結罪】其中所犯並餘四衆。悉皆同前。　不犯者。或時有如是病。或時聚一處持出棄。及最初未制戒等。

不得擔死屍從塔下過。應當學。第六十八

緣起佛在舍衛國。住給孤園。六羣比丘擔死屍從塔下過。護塔神瞋。諸比丘中有樂學戒慚愧者。嫌責六羣。白佛結戒。死者盡也謂氣盡命終屍者故形也在牀曰屍在棺曰柩

結罪其中所犯並餘四衆。悉皆同前。　不犯者。或從此道過。或強力者所將去。及最初未制戒等。

附考寄歸傳云。死喪之際。僧尼漫設禮儀。或復與俗同哀將爲孝子。或房設靈几用作供尊。或披黲布而乖恒。或垂長髮而異則。或拄哭杖。或寢苫廬。斯等咸非教儀不行無過。理應爲其亡者。淨飾一

房。或可權施蓋幔。讀經念佛。具施香花。冀使亡魂托生善處。方成孝子始是報恩。豈可泣血三年將爲賽德。不餐七日始符酬恩者乎。斯乃重結塵勞。更嬰枷鎖。從闇入闇不悟緣起之三節。從使趣使詎證圓乘之十地歟。然依佛敎。苾芻亡者。觀知決死。當日輿向燒處。尋卽以火焚之。當燒之時親友咸萃在一邊坐。或結草爲座。或聚土作臺。或置甎石以充坐物。令一能者誦無常經半紙一紙。勿令疲久。然後各念無常還歸住處。寺外池內連衣並洗。其無池處就井浴身。皆用故衣不損新服。別著乾者。然後歸房。地以牛糞用塗。餘並皆如故衣服之儀。曾無片別。或有收其設利羅。（設利羅此翻身骨）為亡人作塔。名為俱羅。形如小塔。上無輪蓋。豈容棄釋父之聖教。逐周公之俗禮。號咷數月。布服三年者哉。（無常經出北藏孝字函南藏當字函）

不得塔下埋死屍。應當學。第六十九

【釋義】緣處發起。其中所犯不犯。並餘四眾。悉皆同前。（埋者葬也凡比丘身亡當依佛教四種葬法謂焚燒水殯地埋棄林如此四法必依處所不可

輒爾便為還乖
聖教須當慎之
附考根本雜事云。苾芻身死應可焚燒。鄔波離白
佛言。如佛所說。於此身中有八萬屍蟲。如何得燒。
佛言此諸蟲類。人生隨生。人死隨死。身有瘡者。應
觀無蟲方可燒殯。無柴可得。可棄河中。若無河者。
穿地埋之。地多蟲蟻。可於叢薄深處。令其北首右
脇而臥。以草稕支頭。若草若葉覆其身上。送喪苾
芻可令能者。誦三啟無常經並說伽陀。為其呪願。
事了歸寺應可洗身。若觸屍者。連衣俱浴。其不觸

者。但洗手足。還至寺中應禮制底。

不得在塔下燒死屍。應當學。第七十

釋義緣處發起其中所犯不犯並餘四衆。悉皆同

前。經律云茶毘。或云闍維。此翻爲焚燒

不得向塔下燒死屍。應當學。第七十一

釋義緣處發起其中所犯不犯並餘四衆。悉皆同

前。向者謂不得正對塔前而燒也

不得佛塔四邊燒死屍。使臭氣來入。應當學。第七十二

釋義緣處發起。其中所犯不犯並餘四衆。悉皆同

前。前禁正向此制四面如來浮圖應以香花旋繞

瞻相禮敬屍氣不淨豈容四方焚熏須覓僻靜處以燒化之可也

附考法華經云。一切眾生喜見菩薩服諸香油。焚身臂供佛用酬法乳宏恩。光明徧照八十億恒河沙世界。其中諸佛同聲讚善。然以聖人見道理證性空。三業純淨無諸雜穢。雖焚肉身。是名真法供養。此則當為。凡流不淨。是故遮止。

不得持死人衣及牀從塔下過。除浣染香熏。應當學。

第七十三

緣起 佛在舍衛國。給孤獨園。六羣持死人衣及牀從塔下過。彼所住處神瞋。諸比丘聞嫌責。白佛結戒。時諸糞掃衣比丘疑。不敢持死人衣塔下過。佛言聽浣染香熏已持過。是故開除乃第二制也。

結罪 其中所犯並餘四衆。悉皆同前。　不犯者。若或時有如是病。若浣染香熏者。及最初未制戒等。

會採 毘尼母云。若得糞掃衣。若水中久漬用純灰浣淨。以奚黑伽香塗上。然後得著入塔中。衣著糞掃是慚愧頭陀浣染香熏仍淨潔無穢聖慈開聽得著入塔者一令貪好之流自厭一令頭陀之衆僧修其

意深矣

附考僧祇律云。病時不服蒜不差者聽服。服已不應繞塔。若塔在露地者。得下風遙禮。

毘尼止持會集卷第十五終

音義

搪突觸也　齗音銀齒根肉也　斟酌益也　欠時欠伸卽顰伸也　狼狽下音輩狼前二足長後二足短狽前二足短後二足長狼無狽不立狽無狼不行若相離則進退不得矣今取喻年少比丘不相離上座出入也　嚩嚛上音博下音集　嗗音穵飲聲　啜穿入聲同歠

䠦音傳腨腸也　齧音孽噬也　痤坐平聲小腫也　頰音劫面旁也　摡音戲又音蓋取

也屝音費屩音覺瘞音意埋也藏也覩史多天即兜率陀天此翻知足　涅槃
經云此天欲界最勝故補處菩薩皆示生此天為教化眾生故襜諂平聲衣之遮蔽前者彊
音强暴也守籠那根本律云說籠拏此翻二百億瞻波城有長者豪貴晚得繼嗣時有報者
輒賜金錢二百億因名其子聞二百億有云父聞歡喜施子金錢二百億二百億形貌端嚴人所希
見足下毛長四指同黃金色增一阿含經云勇猛精勤堪任苦行所謂二十億比邱是狸狐狸
也狐音呼獸名鼻尖尾大善為妖魅性婬多疑名山記云狐者先古之婬婦其名曰紫化為狐
多自稱紫獺灘入聲獸名形如小狗水居食魚正月祭魚獺不祭魚國多盜賊韈音雍靴韈
也黲音慘淺青黑色賽腮上聲報也不悟緣起之三節謂無明不覺生
三細此業轉現次第而生故云三節萃音悴聚也咷音陶號咷哭聲也稕肫去聲束稈也

毘尼止持會集卷第十六

金陵寶華山宏律沙門讀體集

不得佛塔下大小便。應當學。第七十四

【釋義】緣處發起如上。其中所犯不犯並餘四眾悉皆同前。凡大小便應遠塔所在於常處不得處處漫爲便利

【引證】優鉢祇王經云。伽藍法界地。漫大小行者。五百世身墮拔波地獄。後經二十小劫常遣肘手抱此大小便處。臭穢之地乃至黃泉。

不得向佛塔大小便。應當學。第七十五

〈釋義〉緣處發起如上。其中所犯不犯並餘四眾。悉皆同前。前制不聽塔下。此中雖遠塔處而不應在前對向。須知塔影輪相乃如來眾德所聚。人天瞻仰。善神守衛。宜加深敬。可爾為比丘者豈得褻慢。

不得繞佛塔四邊大小便。使臭氣來入。應當學。第七十六

〈釋義〉緣處發起如上。其中所犯不犯並餘四眾。悉皆同前。前制四方。此中兼其四隅。故曰繞也。則塔前之周圍勿論遠近。皆不得污穢。使不淨之氣而熏褻也。

不得持佛像至大小便處。應當學。第七十七

〈釋義〉準佛像例之。則菩薩聲聞一切聖賢等像。及三藏法寶。皆不得持於穢處往來

〔結罪〕其中所犯並餘四眾。悉皆同前。　不犯者。或道由中而過。或強力者所持呼去。及最初未制戒等。

不得在佛塔下嚼楊枝。應當學。第七十八

不得向佛塔嚼楊枝。應當學。第七十九

不得佛塔四邊嚼楊枝。應當學。第八十

〔釋義〕此上三戒緣處發起。其中所犯並餘四眾。悉皆同前。　不犯者。或為大鳥啣置塔邊。或為風吹去。及最初未制戒等。律云嚼楊枝有五利益一口無臭氣二能別味三不增益

熱陰四能引食五眼明若不嚼有五過反上可知

〔會採〕十誦律云。佛前。和尚阿闍黎一切上座前。佛塔前。聲聞塔前。俱不得嚼楊枝。嚼者突吉羅。同歲比丘前不犯。

律攝云。嚼頭寸許。令使柔輭。然後徐徐揩齒斷牙。皆使周徧。

僧祇律云。若楊枝難得者。當截所嚼處棄之。洗已殘者。明日更用。

寄歸傳云。每日旦朝須嚼齒木。揩齒刮舌務令如法。盥漱清淨方行禮敬。若其不然。受禮禮他悉皆得罪。

不得在佛塔下涕唾。應當學。第八十一

不得向佛塔涕唾。應當學。第八十二

不得塔四邊涕唾。應當學。第八十三

〔釋義〕此上三戒緣處發起。佛爲結戒如前。涕唾者乃身中流液不淨。從鼻出曰涕。從口出曰唾。凡爲涕唾當在屏處。仍須彈指謦欬而棄。若老病者聽安唾器。然於僧房且禁不汚。況乎佛塔而不嚴愼。

〔結罪〕其中所犯。並餘四衆。悉皆同上。〔、〕不犯者。或有如是病。或大鳥啣置塔邊。或爲風吹去。及最初未制戒等。

〔會採〕根本雜事云。寺中四角柱下。各安唾盆。雖聽安置以備眾用。然須蓋掩不宜恒現

不得向塔舒腳坐。應當學。第八十四

〔釋義〕緣處發起如前。佛爲結戒。舒腳者乃縱情放逸大失威儀全無畏敬故爾禁之

〔結罪〕其中所犯。並餘四眾。悉皆同前。　不犯者。或時有如是病。若中有間隔。或爲强者所持。及最初

未制戒等。

第四分云。若僧伽藍內塔滿。聽在中間舒脚坐。（西域比丘凡得向果者涅槃皆收靈骨以建制底於寺供養故爾伽藍塔滿也）

不得安佛塔在下房。己在上房住。應當學。（第八十五）

【緣起】佛在拘薩羅國遊行。向都子婆羅門村。爾時六羣比丘安佛塔在下房。已在上房。諸比丘聞嫌責六羣。白佛結戒。（上房有二種一者處所高顯爲上二者妙好嚴麗爲上下房亦有二種一者處所低下名下二者麤弊名下亦可以指重樓爲上房）

【結罪】其中所犯並餘四衆。悉皆同前。　不犯者。或時有如是病持如來塔在下房。己在上房住。或命難梵行難。及最初未制戒等。

第四分云。六羣安如來塔置不好房中。己在上好房中宿。佛言不應爾。應安如來塔置上好房中。己在不好房宿。此言妙好嚴麗爲上房　彼安如來塔置下房。己在上房宿。此言重樓爲上房　佛言不應爾。應安如來塔在上房。己在下房中宿。　彼共如來塔同屋宿。佛言不應爾。有比丘爲守護堅牢故。而畏慎不敢共宿。佛言聽安杙上若頭邊而眠。　彼腋下挾如來塔行。反抄衣。纏頭裹頭。通肩披衣。著革屣擔如來塔。佛言不應爾。應偏露右肩脫革屣。若頭上若肩上擔如來塔行。

〈附考〉僧祇律云。起寺時先規度好地作塔處應在東應在北。僧地佛地不得相侵。不得使僧地流水入佛地。佛地水得流入僧地。塔應在高顯處作。不得在塔院中洗染曬衣。著革屣覆頭覆肩洟唾地。不得塔池中浣衣洗浴浣手面洗鉢。下頭流出水得隨意用。

人坐己立。不得爲說法。除病。應當學。第八十六

〈釋義〉緣處發起如上。佛結戒已。時諸比丘疑不敢爲病人說法。故開除病。乃第二制也。下皆準此。說法者以法自尊不爲利養而宏化聽法者信樂至誠因聞解義而入理斯則兩皆獲益若說者聽者二俱失儀則彼此招過故佛大慈一一禁之

〈結罪〉其中所犯。並餘四衆。悉皆同前。不犯者。或有如是病。或爲王王大臣捉去。及最初未制戒等。

〈會採〉僧祇律云。若放恣諸根。立爲無病坐人說者。越學法。若比丘爲塔事爲僧事詣王若地主。彼

言爲我說法。不得語令起。恐生疑故。若邊有立人者。卽作意爲立人說。雖王聽比丘無罪。

人臥己坐。不得爲說法。除病應當學。第八十七

【釋義】緣處發起。其中所犯不犯並餘四衆。悉皆同前。臥者偃臥也縱身憍傲全無信敬故爾不得爲說

人在座己在非座。不得爲說法。除病應當學。第八十八

【釋義】緣處發起。所犯不犯並餘四衆。悉皆同前。座者乃正座也非座者不正座也乃至木枯土堆並地下皆攝非座

人在高座己在下座。不得爲說法。除病應當學。第八十九

〔釋義〕緣處發起。其中所犯不犯。並餘四衆。悉皆同前。高座者。僧祇律云。高有二種。高大名高。妙好者亦名高。準義則下座例可分二。卑小名下。麤弊者亦名下。

〔引證〕善見律云。世尊訶責六羣。云何自在下人在高而為說法。佛語比丘。往昔於波羅奈國。有一居士名曰車波迦。其婦懷姙。思菴羅果。夫曰此非菴羅果時。復思。云唯王園中有。夫夜入王園偷取。未得。明相出不得出園。即於樹上藏住。時王與婆羅門入園欲食菴羅果。婆羅門在下。王在高座。婆羅門為王說法。偷果人在樹上。心自念言。我今偷果事應合死。我今得脫。我無法。王亦無法。婆羅門亦無法。何以故。我為女人故而偷王果。王猶憍慢故。師在下。自在高座而聽法。婆羅門為貪利養故。自在下座為王說法。我與王婆羅門相與無法。我今得脫。卽下樹向王說偈云。一人不知法。一人不見法。教者不依法。聽者不解法。為食粳米飯。及諸餘餚饍。是為餐食故。我言是無法。為以名利故。毀碎汝家法。我為凡人時見人在上。說法者在下。言其非法。何況我今汝諸弟子。爲在高人說法而自在下。時偷果人者。卽如來是。

人在前行己在後行。不得爲說法。除病應當學。第九十

〔釋義〕緣處發起。其中所犯不犯並餘四衆。悉皆同前。若在道行而人前己後。此中除病準義應是說者或眼目失明或身足有疾須人相牽故爾在後說法或強力者將去於行次間教令說法比邱故在後也

〔會採〕僧祇律云。若比邱眼患。前人捉杖牽前。爲說無罪。

人在高經行處己在下經行處。不應爲說法。除病應

當學。第九十一

〔釋義〕緣處發起。其中所犯不犯並餘四眾。悉皆同前。此中高有二種一者本自高二者壘石爲基所以顯高也　經行處者如佛聽作經行堂有五事利一好堪遠行二能思惟三少病四消餐食五得定久住

人在道己在非道。不應爲說法。除病應當學。第九十二

〔釋義〕緣處發起。其中所犯不犯並餘四眾。悉皆同前。道者正路也非道者乃左右之旁路也

不得攜手在道行。應當學。第九十三

〔緣起〕佛在舍衛國。住給孤園。六羣比丘攜手在道

行。或遮男女。諸居士見已皆譏嫌。謂攜手道行。如王王大臣豪貴長者。諸比丘聞有樂學戒者。嫌責六羣。白佛結戒。（攜手者謂連手也比丘之儀不宜連手在道並行也）

〈結罪〉其中所犯並餘四眾。悉皆同前。　不犯者。或時有如是病。或有比丘患眼闇須扶接。及最初未制戒等。

不得上樹過人。除時因緣應當學。第九十四

〈緣起〉佛在舍衛國。住祇陀林。有一比丘在大樹上受夏安居。於樹上大小便下。樹神瞋恚。諸比丘聞有知慚愧者嫌責白佛。佛告比丘自今已去不得樹上安居不得繞樹大小便。若先有大小便。大小便無犯。故爲結戒。時有衆多比丘向拘薩羅國遊行。於道中值惡獸恐怖上樹齊人。不敢過上。即爲惡獸所害。故加除時因緣之語。乃第二制也。

結罪其中所犯並餘四衆悉皆同前。　不犯者或命難梵行難。及最初未制戒等。此中兼制小衆爲無開緣若爲大僧取楊枝及華果等沙彌沙彌尼上樹無罪

安居揵度云。欲取樹上乾薪。聽作鉤鉤取。作梯取。

若繩取。若樹通身乾聽上。樹乾則無神依故開

不得絡囊盛鉢貫杖頭。著肩上而行。應當學。第九十五

〔緣起〕佛在舍衛國。給孤獨園。時跋難陀絡囊盛鉢貫杖頭肩上擔。諸居士見已謂是官人。皆下道避於屏處看之。乃知是跋難陀。故生譏嫌。有知足者聞。白佛結戒。

〔結罪〕其中所犯並餘四眾。悉皆同前。　不犯者。或爲强力者逼。若被縛。若命梵二難。及最初未制戒等。

第四分云。不應背負物行除寺內。有老比丘須杖絡囊。聽與作白二羯磨。此法於作持中明

人持杖不恭敬不應爲說法。除病應當學。第九十六

【釋義】緣處發起如前。佛爲結戒。時諸比丘疑不敢爲病人持杖者說法。又開除病。乃第二制也。

【結罪】其中所犯並餘四衆。悉皆同前。　不犯者。或爲王王大臣。及最初未制戒等。

【會採】僧祇律云。若比丘在怖畏險道時。防衛人言。尊者爲我說法。彼雖持杖。爲說無罪。

人持劍不應爲說法除病應當學。第九十七

〔釋義〕緣處發起。其中所犯不犯並餘四衆。悉皆同前。劍者檢也所以防檢非常也或有病心亂神虛怖畏者以劍防身爲說法開導安慰無犯下二戒亦爾

人持鉾不應爲說法除病應當學。第九十八

〔釋義〕緣處發起。其中所犯不犯並餘四衆。悉皆同前。鉾乃兵器之屬如鋋而作三廉也

人持刀不應爲說法除病應當學。第九十九

〔釋義〕緣處發起等。一一同前。刀者有種種形亦防衛之器也

人持蓋不應爲說法。除病應當學。第一百

釋義 緣處發起等。悉皆同上。蓋者傘蓋也

會採 僧祇律云。種種能遮雨日者。皆名爲蓋。 若比丘爲塔事若僧事詣王若地主。彼言比丘爲我說法。不得令卻蓋恐生疑故。若邊有淨人。應作意爲淨人說王雖聽無罪。 若法師。若律師。風雨寒雪大熱時捉蓋爲說無罪。此開法律之師者爲弘化功博時逢寒熱若爲顯異邀名以謀利養者豈同斯例所以有益方開無功不聽非一槩允也

第四分云。跋難陀在道行持好大圓蓋。諸居士見

謂是王王大臣。皆避道去不遠諦視。乃知比邱佛因是譏嫌。故制不聽持亦不應畜。　有諸比邱天雨時往大小食上。若布薩時雨漬衣壞。聽護衣故。在寺內持。以樹皮若葉若竹作蓋。　不應捉王大圓扇。若得已成者。聽受與塔。　若患熱聽以樹葉。若枝若草若衣作扇。衣謂衣財乃布帛也　鼻中毛長聽以鑷拔。　若爪極長。如一麥應剪。　不應綵色染爪。　不應以剪刀剪鬚髮。　應鬚髮盡剃。　髮極長長兩指。若二月一剃。　不應梳鬚髮。　不應油塗髮。

不應畫眼臉。患眼痛聽著藥。　不應以鏡若水
照面。若面患瘡著藥。聽獨在一房以水若鏡照。根本雜事云若爲觀瘡或窺昔時老少形狀者覽鏡無咎　不應著耳璫。耳環。頸
瓔。臂腳釧。指環。指印。　不應作鉛錫腰帶。　不應
用五色線絡腋繫腰臂。
十誦律云。聽載犍牛車當使餘人御。不得自御。
梳頭刷頭突吉羅。　頂留少髮突吉羅。留髮令長
突吉羅。若阿蘭若比丘長至二寸無罪。　若頭有
瘡當以剪刀剪。　手摩鬚髮突吉羅。　洗腳時不

得共他語。七衆學法竟

〈八七滅諍法〉

諍者。第三分中。佛言有四種諍。一言諍。二覓諍。三犯諍。四事諍。云何言諍。若比丘共比丘諍言。引十八諍事。法。非法。律。非律。犯。非犯。若輕。若重。有殘。無殘。麤惡。非麤惡。常所行。非常所行。制。非制。說。非說。若以如是相共諍言語。遂彼此共鬭。是爲言諍。僧祇律名相言諍律攝名評論諍云何覓諍。若比丘與比丘覓罪。以三舉事。破戒。破見。破威儀。見聞疑作。如是相覓罪。是爲覓諍。僧祇律名誹謗諍五分律名教誡諍律攝名非言諍云何犯諍。犯七種罪。波羅夷。僧殘。墮罪。悔過法。偸遮蘭。突吉羅。惡說。是為犯諍。云何事諍。言諍中事作。覓諍中事作。犯諍中事作。是為事諍。

滅法者。言諍以二毘尼滅。謂現前。多人語。或一毘尼滅。謂現前。覓諍共四毘尼滅。謂現前。憶念。現前不癡。或現前罪處所罪處所即覓罪相犯諍共三毘尼滅。謂現前自言治。或現前草覆地。事諍以一切毘尼滅。隨所犯。一切者即七種滅法也隨所犯者謂於言覓犯三諍中隨作何諍之事即隨事與法也今以所起之四種諍。能滅之七種法。合而爲名故云七滅諍法也。若準犯結罪。正攝第五波逸提。爲順戒相。是以科列第八也。

十誦律云。有六諍本。本即因也 一瞋恨不語。二惡性欲害。三貪嫉。四諂曲。五無慚愧。六惡欲邪見。是爲六也。

僧祇律云。比丘成就五法。能滅諍事。知是實。非是不實。一 是利益。非不利益。二 得伴。非不得伴。三 得平等伴。非不平等伴。四 得時。非不得時。五

現前滅諍法第一

應與現前毘尼。當與現前毘尼。

〔緣起〕佛在舍衛國給孤園。迦留陀夷與六羣在河中浴。浴竟先上岸著六羣衣。謂是己衣。不看而去。六羣上岸不見衣。卽謂彼偷去。彼不現前便作滅擯羯磨。迦留陀夷聞已有疑。以此因緣白佛。佛問汝以何心取。答言謂是我衣。不以賊心取。佛言無盜心不犯。不應不看衣而著。不應人不現前而作羯磨。自今已去爲諸比丘。結現前毘尼滅諍。

〔釋義〕律云現前者。謂法毘尼人僧界也。云何法現前。所持法滅諍者是。謂滅諍時現前有所受持之七滅諍法可據云何毘尼現前。所持毘尼滅諍者是。謂現前有所持學之毘尼藏滅諍非捨正義而用餘滅云何人現前。言義往返者是。謂諍者滅者現在前言義往返問答云何僧現前。同羯磨和合集一處。不來者囑授。在現前得訶而不訶者是。反此為之不現前云何界現前。在界內羯磨作制限者是。謂四方唱相白二作法已僧居法食出入有限應與當與者。應者料度也當者理合如是也若明止作臨機秉御先須料度得宜然後準事施法若不當與而與者皆由罔諳毘尼不先稱量縱强施功無益招咎豈但滅諍之法應與當與凡行一切作持亦復如是若一比丘在一比丘前好言教語。如法。如毘尼。如佛所教。彼作如是言此是法。是毘尼。是佛所教。彼即執諍者而云是法等乃信其言教心欲捨也復語云汝當受是忍可。此句正是善能滅諍者誡令息諍勸共衆僧和合也若作如是諍事得滅。是爲言諍以一滅滅。現前毘尼。不用多人語也。

〔結罪〕若比丘諍事如法滅已。若更發起者。波逸提。

若後來比丘新受戒者。謂是初諍若更發起者。波逸提。

若一比丘。爲二比丘。爲三比丘及爲僧亦如是。

若二比丘爲一比丘。爲三比丘及爲僧亦如是。

若三比丘爲二比丘。爲一比丘及爲僧亦如是。

若僧爲一比丘。爲二比丘爲三比丘及爲僧亦如

是。是中現前義若能滅者四人已上其法毘尼人僧界五種一不現前則不名現前毘尼也若能

滅者或但二比丘三比丘一比丘唯以法毘尼人三種現前僧界二種不現前亦名現前毘尼也

上所明者是本處僧中滅法下復明異住處僧中滅法然往異處復有中途滅法及到彼處滅法由

言諍難滅現前事

繁是以依律詳錄

若諍比丘不忍可僧作如是滅。聞異住處有好僧

好上座智人。彼比丘以此諍事故。應往彼住處。若

在道路能得如法。如毘尼。如佛所教滅諍者。是爲
言諍以一滅滅。爲現前毘尼。不用多人語。
若道路不能得如法滅。至彼僧中上座有智慧人
前作如是言。我此諍事如是起。如是實因是起。僧
作如是滅我不忍可。是故來至長老所。善哉長老
爲我如法。如毘尼。如佛所教滅此諍事。若長老能
爲我等滅此諍事者。我等當於長老前捨此諍事。
若長老不能如法。如毘尼如佛所教滅此諍事者。
我自在作諍更令罪深重。諸比丘住止不安樂。彼

諍比丘應如是在僧前捨諍事。此僧應語彼言。長老諍事若如是起。如實如所因起。如彼眾僧滅諍。若能如實說者。我等當量宜能滅此諍。不。若不如實說此諍事更深重。非法。非毘尼。非佛所教諍事不得滅。諸比丘不得安樂住。彼僧應作如是受諍已應斷決。若彼諍比丘是下座者。應語言小出。我等自共平此事如法律敎。若比丘是上座者僧應自避至餘處共平斷。僧作是念。我等若在僧前平此事。恐更有餘事起令彼此善惡言說不了。我等

甯可與諸智慧人別集一處共平此事。卽應作白平斷此事。（此是作持中單白羯磨綱目內所列簡集智人法作前方便已白云）

大德僧聽。若僧時到。僧忍聽。僧今集諸智慧者共別平斷事。白如是。

白已平斷。若比丘有十法者。應差別平斷。一持戒具足。二多聞。三誦二部毘尼極利。四若廣解其義。五若善巧言語辭辯了了。堪任問答令彼歡喜。六若諍事起能滅。七不愛。八不恚。九不怖。十不癡。斷事比丘中有不誦戒者。不知戒毘尼。便捨正義。作

非法語者。僧應白遣此比丘出。應如是白。此是作持中遣

不誦戒者

出單白法

大德僧聽。彼某甲比丘。不誦戒不知戒。比丘便捨正義。作非法語。若僧時到。僧忍聽。僧今遣此比丘出。白如是。白已遣出。

彼座斷事。比丘中有誦戒不誦戒毘尼。彼捨正義。說少許文。僧應作白遣出。應如是白。此是作持中遣不誦戒毘

尼者出

單白法

大德僧聽。彼某甲比丘誦戒。不誦戒毘尼。彼捨正

義說少許文若僧時到僧忍聽僧今遣此比丘出
白如是白已遣出
若平斷事比丘中有法師在座彼捨正義以言辭
力强說者僧應作白遣出作如是白（此是作持中遣捨正義者出單白法）
大德僧聽此某甲比丘法師捨正法義以言辭力
强說若僧時到僧忍聽僧今遣此比丘出白如是
白已遣出
若斷事比丘座中誦戒誦毘尼順正義如法說僧

應佐助之若彼僧不如法律教滅諍者。此指前本處僧而言今僧應如法律教滅。此指後異住處僧言若彼僧如法律教滅。今此僧亦忍可此事。此所謂律無二制滅法相應也僧應語彼諍比丘言。若彼僧如法律教滅此諍事。我等亦忍可此事如法滅滅諍。今我等亦當作。如是滅諍。若作是得滅諍者。是為言諍。以一滅滅現前毘尼。不用多人語。

結罪若比丘諍事。如法滅已。後更發起者。彼逸提。若後來比丘新受戒者。謂是初諍而更發起者。彼

逸提。與欲已後悔者。波逸提。此中因有簡集人單白羯磨法所以同界住者必須依律與欲

若彼諍比丘不忍可。第二僧作如是滅。聞異住處有眾多比丘持法。持律。持摩夷。持論也應往彼所。若至中道能滅者。是爲言諍以一滅滅。現前毘尼。不用多人語。

若中道不能如法滅。應到彼持法律。論等比丘所言。長老我此諍事。因如是起。如是實因是起。僧作如是滅。第二僧亦作如是滅。我不忍可。故來至長

老聞。善哉長老。能如法律。殄滅此諍事者。我當於長老聞捨此事。若長老不能如法律殄滅。我等便自在作諍。更令罪深重。諸比丘住。止不安樂。彼諍比丘應。在衆多比丘。前捨此事。衆多比丘應語此諍比丘言。若長老此諍事如實所因起。如第二僧滅如實說。說已捨諍。我等當量宜能滅。不若不如實說者。此諍事自在作罪更深重。諸比丘住止不安樂。衆多比丘應作如是受諍。受已決斷。彼諍比丘若是下座者。應語言小避。我等欲平斷事。若是上座者。應自避餘處共平。若彼僧不。如法律敎滅。第二僧亦不如法律敎滅。衆多比丘應如法律敎滅。若彼僧及第二僧。如法律敎滅。衆多比丘亦應忍可此事。應語諍比丘言。如彼僧滅諍我等亦忍可。今當作如是滅諍。是爲言諍以一滅滅現前毘尼。不用多人語。是中現前者。法毘尼人如上。

結罪若比丘諍事如法滅已。若更發起者。波逸提。若後來比丘。新受戒者。謂是初諍若更發起者。波逸提。

若往一比丘持法律論住處。及至中道亦如上。

往二比丘持法律論住處。及至中道亦如上。

比丘尼同學。

〔會採〕十誦律云。現前毘尼有二種非法。若非法者約敕非。法者令折伏。若非法者。約敕如法者令折伏。有二種如法。若如法者。約敕非法者令折伏。若如法者。約敕非法者令折伏。

大乘比丘同學應善和鬪諍故。

〔附考〕薩婆多摩得勒伽云。十種不現前作羯磨。一覆鉢。二捨覆鉢。謂俗人罵謗比邱等僧應與作羯磨不相往來然後自見過行隨順心求僧乞解僧應羯磨爲解捨卽解也三學家。四捨學家。如悔過法中所明五作房。謂以故廢寺地羯磨施與居士任其更爲僧修造房舍六沙彌。謂擯惡見沙彌已上皆未受大戒人不得聞羯磨法故不須現前其二解及作房擯沙彌令在眼見耳不聞處立七狂。謂無知故不須現前八不禮拜。九不共語。十不供養。謂比邱非法觸惱比邱尼不得面治大僧唯遵佛制遙作此三種羯磨除是十法餘咸現前明矣於作持中詳顯

第四分云。比邱以二十二種行知是平斷事人。一具足持二百五十戒。二多聞。三善解阿毘曇毘尼。

四不與人諍。五亦不堅住此事。六應訶者訶。然後住。七應教者教。然後住。八應擯者擯。然後住。九不愛。十不恚。十一不怖。十二不癡。十三不受此部飲食。十四不受彼部飲食。十五不受此部。衣鉢坐具針筒。十六不受彼部。衣鉢坐具針筒。十七不供給此部。十八亦不供給彼部。十九不共此部入村。二十亦不共彼部入村。二十一不與作期要。二十二亦不至彼後來後坐。

僧祇律云。有七事非他邏咃似他邏咃。亦作闍賴吒薩婆多論云闥賴名地吒利名住智勝自在於正法不動如人住地無傾覆也　何等七。或有狂故不著此眾。不著彼眾。謂是他邏吔。是最初非他邏。吔似他邏吔。如是心亂。鈍。癡。病。病故不著此眾不著彼眾。　復次或有人爲利故作是念。若我著此眾失彼利。著彼眾失此利。是二俱不著。　復次或有人得二眾利故作是念。我爲得二邊利故。不著此眾。不著彼眾。是名非他邏吔似他邏吔。有二他邏吔。一者自護心。見他是非作是念。業行作者自知。譬如失火但自救身。焉知他事。　二者待時。見他諍訟相言作是念。此諍訟相言時到自當判斷。是二他邏哋共此眾法食味食。亦共彼眾法食味食。或請斷當事。或不請而斷當事。

十誦律云。闥利吒比邱取諍時。應以五事觀。此中誰先來持戒清淨。誰多聞智慧善誦阿含。誰於師如法。誰信佛法僧。誰不輕佛戒。　烏迴鳩羅比邱有十事僧應差。薩婆多論云烏迴名二鳩羅名平等心無二其平如稱　知諍來往處根本。善知諍。能分別諍。知諍起因緣。知諍義。善滅諍。滅已更不令起。持戒清淨。多聞。多智。

闥利吒比丘行有二十二法。當知是利根多聞。一善知事起根本。二善分別事相。三善知事差別。四善知事本末。五善知事輕重。六善知除滅事。七善知滅事更不起。八善知作事人有事人。九有敎敕力。十能使人受力。十一有方便軟語力。十二亦能使人受。十三有自折伏力。十四亦能使人受。十五知慚愧。十六心不憍慢。十七無憍慢語。十八身口意業無偏著。十九不隨愛行。二十不隨瞋行。二十一不隨怖行。二十二不隨癡行。

憶念滅諍法第二

應與憶念毘尼。當與憶念毘尼。

〔緣起〕佛在王舍城。沓婆羅子不犯重罪。諸比丘皆言犯重罪。問言汝犯重罪波羅夷。僧殘。偷蘭遮。彼不憶犯便答言。我不憶犯如是重罪。長老莫數數詰問我。而諸比丘故詰問不止。彼作如是念。我當云何。諸比丘白佛。佛言自今已去與諸比丘。結憶念毘尼滅諍。白四羯磨。此羯磨法於作持中詳明

〔釋義〕律云憶念毘尼者。彼比丘此罪更不應舉。不

應作憶念者是。憶者記憶也念者明記不忘也由諸比丘數數令其憶念不止佛聽僧作憶念毘尼已使諸比丘不得數數詰問故作如是諍事滅。是爲覓諍以二滅滅。現前毘尼。憶念毘尼。不用不癡毘尼。罪處所。是中現前法毘尼人僧界如上。

【結罪】若比丘諍事如法滅已。後更發起者。波逸提。比丘尼同學

【會採】十誦律云。憶念毘尼有三非法。有比丘犯無殘罪。自言犯有殘罪。從僧乞憶念毘尼。若與者非法。應滅擯故。　有比丘狂癡還得心。從僧乞憶念

毘尼。若與者非法。應與不癡毘尼故。　有比丘有見聞疑罪。自言我有是罪。後言我無是罪。從僧乞憶念毘尼。若與者非法。應與實覓毘尼。即覓罪相有三如法。有比丘被無根謗。若人常說是事。應與憶念毘尼。　有比丘犯罪已悔除。若人猶說是事。應與憶念毘尼。　有比丘未犯是罪。將必當犯。若人說犯是事。應與憶念毘尼。

薩婆多論云。此法是守護毘尼。五眾五篇盡與憶念。必要白四羯磨。小三眾不現前。

不癡滅諍法第三

應與不癡毘尼。當與不癡毘尼。

〔緣起〕佛在王舍城。難陀比丘癡狂心亂多犯衆罪。後還得心。諸比丘詰問不止。以此因緣白佛。佛言自今已去與諸比丘。結不癡毘尼滅諍。白四羯磨。此羯磨法於作持中詳明

〔釋義〕律云不癡毘尼者。彼比丘此罪更不應舉。不應作憶念者是。若如是滅者。是爲覓諍以二滅滅。現前毘尼。不癡毘尼。不用憶念毘尼。罪處所。是中

現前如上五種。

〔結罪〕彼比丘諍事如法滅已後更發起者。波逸提。

比丘尼同學

〔會採〕十誦律云。不癡毘尼有四種非法。有比丘不癡狂現癡狂相。問時答言我憶念癡故作。一他人教我使作。二憶夢中作。三憶裸形東西走立大小便。四是人乞不癡毘尼。若與者非法。有四種如法。有比丘實狂癡心顛倒。問時答言不憶念。一他不教我。二不憶夢中作。三不憶裸形東西走立大小便。四是人乞不癡毘尼。若與者如法。

薩婆多論云。此亦是守護毘尼。五眾盡與不癡毘尼。必要白四。小三眾不現前。

自言治滅諍法第四

應與自言治。當與自言治。

緣起 佛在瞻波城。十五日布薩時。眾僧圍繞在露地坐。初夜已過。阿難起座禮畢白言。初夜已過願世尊說戒。世尊默然。阿難卻座。中夜後已過明相已出。阿難復請世尊說戒。佛告阿難眾不清淨。欲令如來於中羯磨說戒無有是處。目連以淨天眼觀察眾中。見彼比丘去佛不遠坐。非沙門非淨行。自言是沙門是淨行。起座往彼比丘所語言。汝今可起。世尊知汝見汝。出去滅去。便捉臂牽出門外。還白世尊。眾已清淨。願世尊說戒。佛告目連。不應如是。若於異時亦不應如是。令彼伏罪。然後與罪。不應不自伏罪而與罪。自今已去為諸比丘。結自言治滅諍。

〔釋義〕律云自言者。說罪名。說罪種。懺悔者是。云何

治自責汝心生厭離者是。五篇禁制爲之罪名也一一戒中所犯不同各有罪種也

若比丘犯罪。欲在一比丘前懺悔。應至一清淨比丘前偏袒右肩。若是上座。禮足胡跪合掌。說罪名說罪種。作如是言。

長老。一心念我某甲比丘犯某罪。今從長老懺悔不敢覆藏。懺悔則安樂。不懺悔不安樂。憶念犯發露知而不敢覆藏。願長老憶我清淨。戒身具足清淨布薩。如是三說受懺者應語言。自責汝心生厭離。答言

爾。　若作如是諍事滅者。是爲犯諍以二滅滅。現前毘尼。自言治。不用如草覆地。是中現前者。法毘尼如上。人現前者。受懺悔者是也。

〔結罪〕若比丘諍事如法滅已。後更發起者。波逸提。

若欲二比丘前懺悔者。唯異受懺者。應先問彼第二比丘若長老聽我受某甲比丘懺者。我當受。第二比丘應言可爾。餘詞同上。　若三比丘前懺亦如是。　若僧中懺者。其受懺者應先作白。餘詞同上。更有八品小罪及心念責心等法此不繁於作持中詳明

比邱尼同學

【會採】十誦律云。自言滅諍有十種非法。若犯五篇罪自言不犯。又不犯五篇罪自言犯。 有十種如法。若犯五篇罪自言犯。若不犯五篇罪自言不犯。薩婆多論云。自言滅諍法。五眾有事。及五篇戒有犯不犯事。盡自言治而滅之。

覓罪滅諍法第五

應與覓罪相。當與覓罪相。

【緣起】佛在釋氏國。象力比邱喜論議。共外道論得切問時。前後言語相違。於僧中問時。亦復如是言語相違。在衆中故作妄語。外道譏嫌。諸比丘白佛。佛言自今已去爲諸比丘。結罪處所滅諍法。白四羯磨。此羯磨於作持中詳明

釋義律云覓罪相。亦名罪處所。云何罪處所。彼比邱此罪。與作舉。作憶念者是。根本律作求罪自性十誦律作實覓罪勒伽論云實覓罪者先犯罪已發露後覆藏　五分律作本言治若如是諍事滅是爲覓諍以二滅滅。現前毘尼。罪處所。不用憶念毘尼。不癡毘尼。現前義如上五種。

〔結罪〕若比丘諍事如法滅已。後更發起者。波逸提。

比丘尼同學

律云。有三非法與罪處所毘尼。不作舉。不作憶念。不自言。有三如法反上即是復有三非法。無犯犯。不可懺罪。若犯罪已懺。有三如法反上是復有三非法。不舉非法別眾。不作憶念非法別眾。不現前非法別眾。反上即是三如法

〔會採〕十誦律云。實覓滅諍有五非法。有比丘犯五篇罪。先言不犯後言犯。若與實覓毘尼者非法。應

隨所犯治故。有五如法。有比丘犯五篇罪。先言犯後言不犯。是人應與實覓毘尼。

僧祇律云與覓罪相羯磨已。此人盡壽應行八事。一不得度人。二不得與人受具足。三不得與人依止。四不得受比丘按摩。五不得受比丘供給。六不得作比丘使。七不得次第差會。八不得爲僧作說法人

薩婆多毘婆沙云。此覓罪相是折伏毘尼。一切五篇。一切五衆盡與實覓毘尼白四。小三衆不現前。

多人語滅諍法第六

應與多人語。當與多人語。

〔緣起〕佛在舍衛國。比丘共諍時。舍衛眾僧如法滅諍。彼諍比丘不忍可僧滅諍事。聞異住處僧。及眾多比丘住處滅諍。皆不忍可。（如現前毘尼中往返由現前毘尼不能滅故復制此法）便至佛所禮足已。具白不忍滅諍因緣。佛種種訶責已。告諸比丘應求多人覓罪。自今已去為諸比丘。結用多人語滅諍法。

〔釋義〕律云用多人語者。用多人知法者語。聽行籌。

薩婆多論云多覓毘尼者多求因緣斷斷謂廣尋三
藏決了是佛非佛　多處求斷謂徧詣諸僧伽藍
處所是佛非佛　從多處斷謂以如法　應差行籌
籌者爲是所以行籌者以籌表語也
人白二羯磨。此法於作持中詳明有五法不應差。有愛。有恚。
有怖。有癡。不知已行未行。反上爲五如法應差。十誦律云一切應和合集一處不得取欲有三種行籌。一顯露。二覆藏。三
就耳語。
云何顯露行籌。若眾中雖如法比丘多。然彼和尚
阿闍黎皆如法。又上座智人。持法。持毘尼。持摩夷。
皆如法說。應顯露行籌。應作二種籌。一破。二完。應

作白。此即受差人於眾僧前正中而立手捧籌盤口白眾云作如是語者。捉不破籌。謂言是法是毘尼是佛所教者捉此不破籌作如是語者。捉破籌謂言非法非毘尼非佛所教者捉此破籌行已應別處數。於屏處先數所捉完破之籌多少其諍能滅不能滅唯行籌者密諳若法不密恐事增紛若如法語比丘多者。彼應作白云。作如是語者諍事滅。此處準義加儀彼行籌者於眾中作是白已僧中上座應讚言善哉今諍已滅住止安樂諸長老一齊起座作禮三拜各歸本所勤修道業普眾作禮已散去若法語比丘少者。即應作禮已便起去。應遣信往比丘住處。僧中白言。彼住處非法比丘多。善哉長老能往至彼。若如法語比丘多。

諍事滅功德多。此比丘聞應往。若不往如法治。

若作如是諍事滅者。是爲言諍以二滅滅。現前毘

尼。用多人語。現前義五種如上。

云何覆藏行籌。謂蓋覆非顯露籌盤而行使衆不見若衆中雖如法

比丘多。而彼二師不如法。又上座智人等皆住非

法。若顯露行籌。恐諸比丘隨二師上座等捉籌。應

覆藏行籌。應作白。作如是語者。捉不破籌。作如是

語者。捉破籌。行已。應別處數。乃至此比丘聞應往。

若不往如法治。　若作如是諍事滅者。是爲言諍

以二滅滅。現前毘尼。用多人語。現前義如上。
云何耳語行籌。若眾中雖如法比丘多。而彼二師非法說。及上座等皆住非法。應耳語行籌。應作白。作如是語者。捉不破籌。作如是語者。捉破籌。行籌時應稀坐間容一人身小障翳。（此爲行籌人便於曲身就耳語以遮障捉籌者令彼二師上座等不能見籌及聞聲故）語言汝和尚同和尚阿闍黎同阿闍黎親厚知識等已捉籌。（此籌指不破者言）善哉。汝亦當捉籌。若如法比丘多諍事得滅功德多。（此乃方便勸誘之令捉如法籌也）行捉已在一面數之。乃至諍事滅功德多。此比丘聞應往。不往如法治。

若作如是諍事滅者。是爲言諍以二滅滅。現前毘尼。用多人語。現前義如上五種。

〔結罪〕若比丘行三種籌如法滅諍已。後更發起者。一一波逸提。

比丘尼同學

律云有十種不如法捉籌。　一不解捉籌。於此諍事不決了。不知是法非法乃至是說非說　二不與善伴共捉籌。若比丘多聞持法。持毘尼。持摩夷。

不與作伴。法非法乃至說非說。　三欲令非法者多捉籌。彼比丘作念。此諍事多有如法比丘。我今當捉非法籌。令非法者多。　四知非法多捉籌。彼比丘作念。此諍事非法比丘多。爲非法伴捉籌。　五欲令僧破捉籌。彼作念此諍事如法者多。我今捉非法籌令僧破。　六知衆僧當破捉籌。彼比丘知非法者多。爲非法伴黨捉籌。　七非法捉籌。白二白四羯磨。白異羯磨異。　八別衆捉籌。同一界羯磨不盡集。應囑授者不囑授。現前應訶者便訶。

九以小犯事提籌。或念犯罪。或不故犯。或發心作如是提籌。　十不如所見提籌。異見異忍。是爲不如所見。以越毘尼治之。此十種中一一皆有十種如法提籌。反上即是。

〔會採〕十誦律云。說如法者。爲作長籌。說非法者。爲作短籌。說如法者。爲作白籌。說非法者。爲作黑籌。說如法籌以右手提。說非法籌以左手提。先行說如法籌。後行說非法籌。一切僧應和合集一處。不得取欲。

僧祇律云。行籌訖。若非法籌乃至多一者。不應唱非法人多如法人少。當作方便解坐。或前食欲至者。應唱令前食。或後食時。或浴時。說法時。說毘尼時。隨應唱之。若非法者覺。言我等得勝。爲我等故解坐。我等今不起。卽要此坐決斷是事。爾時精舍邊若有小屋無蟲者。應使淨人故放火。已唱言火起火起。卽便散起救火。乃往覓如法伴。

〔附考〕五分律云。若如法人多。應白二羯磨滅之。唱言。大德僧聽。若僧時到。僧忍聽。僧今以多人語滅此諍事。白如是。

大德僧聽。僧今以多人語滅此諍事。誰諸長老忍僧以多人語滅此諍事者默然。誰不忍者說。僧已忍僧今以多人語滅此諍事竟。僧忍默然故。是事如是持。

草覆地滅諍法第七

應與如草覆地。當與如草覆地。

緣起。佛在舍衛國。諸比丘共諍多犯眾罪。非沙門法亦作亦說。出入無限。後諸比丘作是念。我曹若還共問此事。或能令此諍轉深重。經歷年月不得滅。令僧不得安樂住。以是白佛。佛言應滅此諍事。自今已去爲諸比丘結如草覆地滅諍法。

釋義 律云草覆地者。不稱說罪名罪種。懺悔者是。五分律云草布地者彼諸比丘不復說鬬原僧亦不更問事根本　彼一衆中有智慧堪能比丘從座起偏露右肩。右膝著地。合掌作如是言。　諸長老。我等此諍事多犯衆罪。非沙門法。言無齊限。出入行來不順威儀。若我等尋究此事恐令罪深重。不得如法如毘尼如佛所教諍事滅。令諸比丘住止不安樂。若長老忍者。我今為諸長老作如草覆地懺悔此罪。　第二眾中亦如是說。彼兩眾比丘各向大眾說已俱還本座　彼諸比丘應作如是白。即此眾中能羯磨者坐白此法是作持中之草覆地單白羯磨法也

大德僧聽。若僧時到。僧忍聽。僧今此諍事作草覆地懺悔。白如是。

白是已作草覆地懺悔。是一眾中有智慧堪能者。仍是前人從座起右膝著地。合掌作如是白。諸長老。我今此諸諍事。已所犯罪除重罪遮不至白衣家羯

磨。若諸長老聽者。爲諸長老及已作草覆地懺悔。

此處宜會十誦五分用之以法愉雙明則草覆地之名愈顯矣推本律義足文缺故當補第二衆亦應作如是說。是中言除重罪等者謂一切因諍所犯波逸提突吉羅惡說等罪以草覆地懺悔悉皆除滅唯除前二篇及遮不至白衣家羯磨此則或擯或治不以草覆地而能同懺解也

若作如是諍事滅者。是爲犯諍以二滅滅。現前毘尼。草覆地。不用自言治。現前義如上。

〔結罪〕若比丘諍事如法滅已。後更發起者。波逸提。

比丘尼同學

〔會採〕十誦律云。草覆地有二義。一鬬諍數起。諍人亦多。其事轉眾。推其原本難可知處。佛聽布草除滅。如亂草難可整理。亂來棄之。 二者。有德上座勸喻諍者。使向兩眾羊皮四布悔過。即五分律所謂皆舒手腳伏地今云羊皮四布者是喻也兩眾者。各有所助。故令各在一處。此謂會集作法皆令兩分各眾

五分律云。若有比丘鬬諍相罵。作身口意惡業。後欲於僧中除罪。作草布地悔過。應三乞已。皆舒手腳伏地。向羯磨者一心聽受。彼為白四羯磨。

又十誦律云。有五事諍難滅。不求僧斷。一不信佛語。二不如法白。三二眾諍心不息。四所犯不求清淨。五反上五事者易滅。

根本目得迦云。有二苾芻共生瑕隙。種種異言互相譏謗。於此二人應信持戒者。若二俱持戒。應信多聞者。若二俱多聞。應信少欲者。若二俱少欲。應信極少欲者。若二俱極少欲而生瑕隙。無有是處。

此顯凡情未盡習氣全存遇境逢緣　入七滅
甯不嚴慎若無欲情亡則是非絕諍　諍法竟

毘尼止持會集卷第十六終

音義

都子婆羅門村五分律云都夷婆羅門聚落在拘薩羅國界舍衞大城西北六十餘里元是迦葉佛本生之處也

菴羅果亦云菴婆羅亦云菴摩羅舊翻爲柰新翻難分別其果似桃非桃似柰非柰又生熟難分

鋋音禪小矛也

臉音檢目上下臉也

杙音亦橛也門中橛爲闑又木段即杙也曲禮云大夫士入君門由闑右闑音孽